U0113713

吴良镛·主编

中国古代塔刹艺术探源

刘敦桢·著

中国文史出版社

图书在版编目（CIP）数据

中国古代塔刹艺术探源 / 刘敦桢著 . -- 北京：中
国文史出版社，2018.6
（文史存典系列丛书 . 建筑卷）
ISBN 978-7-5205-0179-8

Ⅰ . ①中… Ⅱ . ①刘… Ⅲ . ①古塔－研究－中国②寺
庙－研究－中国 Ⅳ . ① K928.75

中国版本图书馆 CIP 数据核字（2018）第 052865 号

出 品 人：刘未鸣	责任编辑：窦忠如　张蕊燕
策 划 人：窦忠如	责任校对：程铁柱
装帧设计：润一文化	实习编辑：孟凡龙　王　丰

出版发行：**中国文史出版社**
社　　址：北京市西城区太平桥大街 23 号　邮编：100811
电　　话：010—66173572　66168268　66192736（发行部）
传　　真：010—66192703
印　　装：廊坊市海涛印刷有限公司
经　　销：全国新华书店
开　　本：720 毫米 ×889 毫米　1/16
印　　张：16
字　　数：206 千字
版　　次：2018 年 7 月北京第 1 版
印　　次：2018 年 7 月第 1 次印刷
定　　价：68.00 元

《文史存典系列丛书》学术顾问委员会

（按照姓氏笔画排序）

出版说明

　　中华民族历史悠久，文化源远流长，各个领域都熠熠闪光，文史著述灿若星辰。遗憾的是，"五四"以降，中华传统文化被弃之如敝屣，西风一度压倒东风。"求木之长者，必固其根本；欲流之远者，必浚其泉源。"中华优秀传统文化是中华民族的精神命脉，也是我们在激荡的世界文化中站稳脚跟的坚实根基。因此，国人需要文化自觉的意识与文化自尊的态度，更需要文化精神的自强与文化自信的彰显。有鉴于此，我社以第五编辑室为班底，在社领导的统筹安排下，在兄弟编辑室的通力合作下，在文化大家与学术巨擘的倾力襄助下，耗时十三个月，在浩如烟海的近代经典文史著述中，将这些文史大家的代表作、经典等遴选结集出版，取名《文史存典系列丛书》（拟10卷），每卷成立编委会，特邀该领域具有标志性、旗帜性的学术文化名家为主编。

　　"横空盘硬语，妥帖力排奡。"经典不是抽象的符号，而是一篇一篇具体的文章，有筋骨、有道德、有温度，更有学术传承的崇高价值。此次推出第一辑五卷，包括文物卷、考古卷、文化卷、建筑卷、史学卷。文物卷特请谢辰生先生为主编，透过王国维、傅增湘、朱家溍等诸位先生的笔端，撷取时光中的吉光片羽，欣赏人类宝贵的历史文化遗产；考古卷特请刘庆柱先生为主编，选取梁思永、董作宾、曾昭燏先生等诸位考古学家的作品，将历史与当下凝在笔端，化作一条纽带，让我们可以触摸时空的温度；文化卷特请冯骥才先生为主编，胡适、陈梦家、林语堂等诸位先生的笔锋所指之处，让内心深处发出自我叩问，于夜阑人静处回响；建筑卷特请吴良镛先生为主编，选取梁思成、林徽因、刘敦桢等诸位哲匠的作品，遍览亭台、楼榭、古城墙，感叹传统建筑工艺的"尺蠖规矩"；史学卷特请李学勤先生为主编，跟随梁启超、陈寅恪、傅斯年等诸位史学大家的笔尖游走在历史的长河中，来一番对悠悠岁月的探源。

　　需要说明的是，限于我们编辑的学识，加之时间紧促等缘故，遴选的文章未必尽如人意，编选体例未必尽符规律，编校质量未必毫无差错，但是谨慎、认真、细致与用心是我们编辑恪守的宗旨，故此敬请方家不吝指谬。

中国文史出版社

2018年4月16日

目 录

佛教对于中国建筑之影响

　　世界上无论何种民族之建筑，在中世纪以前，其发达之主要精神原因，皆不出政治与宗教二者。然政治势力，究不若宗教之富于普遍性，故就沟通各民族之文化，影响于建筑方面言之，而政治恒难逮及宗教。此现象非但欧洲如是，即印度与中国，亦无不同出一轨。

　　我国古代宗教虽以释、道并著，然道教在历史上素以式微不振见称，其与我国文化发生密切关系者，当推佛教为最。佛教自西汉末期，经西域诸国辗转传来，至东汉、三国之际，渐就萌蘖。晋元康以降，群雄割据，战乱相寻者，前后近三百年。史称当时人民，相与祝发出家，寄托沙门，以图幸免锋镝、徭役之苦。故自晋安、萧齐以后，佛教之发达，几如水之赴壑，其势不可复阻。降及隋、唐，号称全盛。在此时期内，营造寺、塔之风，风靡全国。此等建筑之外观，大都采引印度与西域式样，以表现宗教之特有形式。然时间既久，泽布风遗，其影响遂不仅限于此。故自佛教东来以后，我国建筑受此文化之浸濡，实甚深广。

虽然中国建筑受佛教影响究竟至何程度，此洵为不易解决之问题。盖建筑学在古代中国，数千年来恒视为卑不足道之匠技，除北宋李明仲所著《营造法式》三十四卷与清雍正间所颁《工部工程做法则例》七十四卷外，几无专门纪述之书。至于秦、汉以前之建筑，久已沦为尘壤，化作烟风。今之幸存者，大都为六朝以后之遗物，然亦任其支撑于荒烟蔓草间，剥落颓圮，迄乏系统之调查。兹篇所述，系以现有资料为准，暂分装饰、雕刻与构造二类讨论之，挂一漏万，在所难免，祈阅者谅焉。

一、装饰、雕刻

建筑之起源，肇于人类之庇护躯体，故上古时代建筑，祈求抵御凛烈之气候与凶猛之野兽。《易》所谓"上栋下宇，以俟风雨"者是也。其后人群演进，踵事增华，始于建筑之表面涂以色彩，描以画图，裹以锦绣，垂以幕帷。然以上种种，俱属平面之装饰，至于利用雕刻等立体形象，以文饰建筑物者，其时代则远在上述各项艺术昌明以后。我国秦、汉以前之建筑，亦大抵利用色彩与图绘者多，而采取雕刻诸技艺者少。如《礼记》谓："梲画侏儒"；《周官》谓："以龡鬼神祇"；《礼记》又谓："楹：天子丹，诸侯黝，大夫苍，士黈"；《两都赋》谓："屋不呈材，墙不露形，裹以藻绣，络以纶连"；《汉书》谓："昭阳殿中庭彤朱，而殿上髹漆"；《长门赋》谓："致错石之瓴甓兮，象玳瑁之文章"。由是而观，可知古代宫殿建筑之墙壁、地面，以及木造部分，殆全为绘画与色彩所占领。至于建筑物之利用雕刻者，仅为极少数之局部装饰，如《两都赋》谓："雕玉瑱以居楹"；《西京赋》谓："镂槛文梲"之类而已。其所以相异如是者，盖因绘画较简而易举，不若雕刻之繁缛而难工，此在械具与艺术尚未十分发达之社会，殆为不可免之事实。唯其如是，致使雕刻之技术益迟迟不克进步，故两汉诸帝表彰功臣于麒麟阁与云台，不云雕像，而云图形，恐亦因凿刻尚未风行之故也。而证之事实，汉末石刻如山东嘉祥武梁祠及肥城孝堂山郭巨祠二处，均为粗浅之平面浮雕（relif），其构图简朴，线条古拙，亦足为当时雕刻尚未臻发达之证据也。

刺激此粗朴之雕刻而使之发达者，则为佛教之输入。释教自东晋以后，风靡华夏。《魏书·释老志》谓北魏末期，江淮以北号称寺刹者，达三万余所。其说虽不足全信，而当时伽蓝、浮屠之盛，要为无可讳掩之事实。伴此寺刹而俱兴者，则为佛像之雕塑。然此为立体之圆雕，非平面之浮刻也。不仅佛像本身如是，其他之附属物，如莲座、背光等，亦无一不利用精美之雕技。故我国固有之雕刻术，自受佛教艺术影响后，遂作长足突飞之进步。其表现之方法，自平面易而为立体，其构图自形似进而为写实，其线条自古拙变而为圆熟。吾辈试取汉、晋、南北朝、隋、唐诸代之雕刻，比较而观之，如汉之武梁祠、郭巨祠，前秦之敦煌石窟，北凉之凉州石窟[1]，北魏之云冈石窟，北齐天龙山石窟，唐龙门石窟等，则其逐渐进步之过程，无论何人均可一目了然。而见于其他方面者，如西汉霍去病墓之马踏匈奴像，与唐昭陵之石人马相较，其艺术之优劣，更不可同日而语矣。

与雕刻同时受佛教影响者，则为建筑之装饰。我国古代之装饰纹样，据已见之陶、铜器、骨、玉、石刻等所载者，大都取材于大自然，如日、月、星、云、山、水、人物、花、木、虫、鱼、禽、兽之类。此外，应用几何图形者，又有雷纹、菱纹、斜纹、波纹、环纹、连锁等若干式样。俟至佛教东来，印度之莲瓣、相轮与葱形尖拱（Ogee arch），遂连带输入我国。而波斯之翼狮（Winged lion），希腊之人像柱、卷草（Acanthus scroll）、瓣纹（Plaited ornament）、沟饰（Flutting）、棕叶饰（Anthemion）、叶与舌饰（Leaf and tongue）、爱奥尼克柱式（Ionic order）、科林斯柱式（Corinthian order）等，亦因佛教之媒介，得以流播中土。以上各种装饰，在南北朝时，大抵与我国固有之装饰参差混用，如大同云冈石窟，即其最显著之例。其后，装饰之题材不适合我国之习惯与国情者，渐次归于淘汰。今之存者，如莲瓣、相轮、葱形尖拱等，尚为佛教建筑之重要装饰。而最普及者，无如希腊之卷草。唯自隋、唐以后，或变为简单之忍冬草，或易以繁密之牡丹、石榴花，流行衍蔓，遍于全国，不知者几不能辨为西方之装饰矣。

二、构造

我国之装饰雕刻，受佛教影响已如上述矣，然则我国建筑之构造，是否亦受同样影响？吾辈欲阐明此问题，必须比较佛教输入以前之建筑构造，与输入以后者，有无差异之处？如其有之，是否即为佛教影响所致？

我国建筑之构造，系以阶台、础石、柱、梁、浮柱[2]、栋、桁、角梁、椽、斗拱、飞昂等为骨体，而墙壁与门、窗，不过填塞柱与柱间之空间，用以区隔内外，阻蔽风雨而已。以上诸项，均为构成我国传统建筑之基本成分。其源始之时代虽不能明确断定，然其名称大都散见三代、秦、汉典籍之内，兹逐一举例如次：

阶台 《礼记》云："成功幼，不能莅阼"。阼者，阶台之主阶也。

础石 《淮南子》云："山云蒸，柱础湿"。

柱　　《诗》云："有觉其楹"；《春秋》云："丹宫楹"。楹者，柱也。

梁　　《长门赋》云："抗应龙之虹梁"。虹梁者，向上弯之曲梁也。

浮柱　《论语》云："山节藻棁"。棁，即浮柱，梁上短柱也。

栋　　《易》云："栋隆吉"；《仪礼》云："序则屋当栋"。栋者，今之脊桁也。

桁　　《礼记》云："主人阼阶上立，当楣"。楣者，承椽之桁木也。

角梁　《景福殿赋》云："承以阳马"。阳马者，屋四角承椽之角梁也。

椽　　《易》云："鸿渐于木，或得其桷"。桷者，椽也。

斗拱　《论语》云："山节藻棁"。节者，斗也。又《长门赋》云："施瑰木之栌欂兮"。栌欂，即斗拱也。

飞昂　《景福殿赋》云："飞昂鸟跃"[①]。

藻井　《灵光殿赋》云："圜渊方井，倒置荷蕖"。方井，方形之藻井也。

栏杆　《西都赋》云："舍棂槛而却倚"。棂槛，即栏杆也。

屋顶　我国古代建筑之屋顶，其发展之顺序，约可分为三期：

（1）我国建筑大都南向，故最初之屋顶，多系南、北二面泄水，其断面如人字形。

（2）次为四泄水之制。除南、北二面外，复有东、西二翼。《仪礼》云："直于东荣"。荣者，翼也。东荣，即东面之檐。

（3）再次为屋面反翘之制。《西都赋》谓："上反宇而盖载"。反宇，即屋面因呈曲线而上反也。

---

① 整理者注：汉代斗拱中恐尚无斜向若昂之构件。该赋中所云"飞昂"，可能是表示一种飞翔向上之状态。

又《礼记》云："复雷重檐，天子之庙饰也"。可知周代寝庙之制，已非简陋之单檐建筑矣。

就以上诸例而观，可知我国建筑之基本构造，肇源远在秦、汉以前。其时佛教尚未输入，中国建筑未受此文化之影响，殆无疑义。而时至今日，凡为我国古代建筑物之主要构材者，仍为主要构材如故。则在此二千年间，建筑物之骨构绝少变更，又可知矣。据此推论，佛教文化对中国建筑构造之影响，自可不言而喻。不仅是也，即佛教特有之建筑，如寺、塔、石窟之类，其最初模仿印度者，不出数百年间，亦演绎同化于中国建筑之内，兹举数例以明之：

塔

塔者，为古代印度之墓标。梵音为Stupa，释籍译为"窣堵坡"，其义为"累积"，盖累积土、石于墓上以为标记也。其后释迦弃世，门人以香木焚尸，其骨分碎，大小如粒，不能尽毁，乃建窣堵坡藏之，后世所谓舍利塔是也。至于塔之构造，由台座、覆钵、宝匣、华盖四部组合而成。台座者即塔之基座；其上为半球状之覆钵，形如穹顶（Dome）；覆钵顶部为宝匣，其形如方箱，中藏舍利，最上为华盖，作三层伞状。塔之内部，实以泥土，不能登临，盖纯为纪念物也。我国之塔，当以汉明帝永平十八年（公元75年）所建之洛阳白马寺塔为最先。据《魏书·释老志》所载其形状悉依印度之式样而重构之。此外，如敦煌千佛岩第120窟[3]内之塔，亦尚存印度窣堵坡之遗范。其后塔之构造，自石造易为砖、木，塔内设佛龛，又置梯级以便登临，其外部更绕以栏廊，覆以重檐，则与我国传统之木楼阁建筑日益雷同矣。

寺

古代印度之寺，皆以塔为中心。塔之周围，罗列禅堂、静堂、僧房、庖厨、浴室、而圊之属，视后世以佛殿为寺之中心者，截然异途。我国初期之寺，大部袭用印度之制，以塔为寺之主要建筑物。故汉、魏籍典，盛称浮屠而不称寺，盖以塔为寺之代表也。东晋、北魏以后，渐重佛殿，置本尊像于佛殿中，以供祈祝祷膜拜之用，于是佛殿遂代塔而为寺之重心。其余法堂、讲堂、禅堂、食堂之类，依次排列于佛殿之前后，其配置之法，纯为我国均衡对称之方式，非复印度旧观矣。

石窟

石窟者，释籍谓之"支提"。盖设支提塔之窟内，作为仰礼之对象，因以为名（梵音为Caitya，与窣堵坡同形状，唯不藏舍利）。我国最初创立之石窟，当推前秦建元二年（公元366年）所建之敦煌千佛岩，其后继起者如凉州石窟寺，大同云冈石窟，洛阳龙门石窟，南京摄山千佛岩，巩县石佛寺，青州云门山、驼山[4]，肥城五峰山，历城神通寺，邠州大佛寺[5]，广元千佛岩，太原天龙山等，均为南北朝及隋、唐等代所经营之石窟也。其中规模宏大者，当以北魏所建之云冈石窟为最。云冈诸窟之中央，大多设本尊像或方形之支提塔，与印度石窟之配置法，大体略同。其后北齐至隋、唐所营之天龙山石窟，内中已无支提塔，而于窟前辟走廊，廊间镌以柱、梁、斗拱之属，其上再护以短檐，至此石窟之外观、结构，遂与我国传统之木造建同一形制焉。

注释

[1] 今甘肃武威天梯山石窟，建于北凉宣武王沮渠蒙逊时期（公元401—433年）。

［2］即侏儒柱。见《营造法式》卷五·大木作制度二·侏儒柱条。

［3］现编号为288窟。

［4］今山东益都县境内，凿于北周至隋、唐间。

［5］今陕西邠县西10公里，建于唐贞观二年（公元628年）。

［本文发表于《科学》第十三卷第四期（1928年）。为作者潜心于研究中国传统建筑后，发表之首篇论文。］

中国之塔

——在中国建筑师学会上的讲演稿

主席、各位先生：

在我今天介绍"中国之塔"以前，首先要向各位申明的，就是这次讲演的内容要作一些减削。因为今天大会所许可的时间，至多不能超过三刻钟，在这样的条件之下，我只有将讲演的内容尽可能地简化。一切问题，只谈结果，而不谈产生这些结果的原因和演变的经过。这种讲法，当然很不合逻辑，同时内容也许过于简略，希望大家能够原谅。

提起塔，我想大家心目中，早已有了一个轮廓。各位以往在国内旅行，一定看见过许多形状不同的塔，或者在城市、在乡村；或者在山巅、在水涯，或者在茫茫大漠、黄沙衰柳之间，构成了不少美丽而雄伟的图画。塔的确是中国建筑中最有魅力的景物之一，也是中国景观的最好象征，值得人们流连赞赏。不过我们如果离开艺术鉴赏，站在历史的立场来说，它可是出乎意外的并非全由中国所创造。这是因为在汉代以前，我们的高层建筑，只有楼、阁、台、阙，而无所谓的塔。文献里面也没有塔这个名称。到后来，印度的佛教经犍陀罗（Gandhara）和西域诸国辗转东传，于是在佛教建筑中占重要位置的塔，才出现在中国。

佛教在何时传入中国？中国的第一座佛塔又建于何时何地？根据《魏书·释老志》所载，后汉明帝因梦见金人，遂派遣博士弟子秦景、蔡愔等往印度求佛法。使者于途中遇沙门摄摩腾、竺法兰携经东来，就迎接他们返回中国。于永平十一年（公元68年）到达洛阳。为此，明帝就在洛阳西门外，建造了一座白马寺。这建寺也许确有其事，但佛教传来中国，当在明帝求法以前，否则梦见金人，何以知其为佛？又何以知此佛生于印度？近来许多学者对此有详细研究，我就不予重复叙述了。至于白马寺内，传说绘有千乘万骑绕塔三匝的图像，但当时寺内曾否营造佛塔，因史无明文，不敢臆断。

至于我国早期佛塔的形状，《释老志》载："凡宫塔制度，犹依天竺旧状而重构之"。可知系完全模仿印度式样。但至少到汉末献帝中平、初平年间（公元189—193年），已有中国传统木架构之木塔出现。如笮融于徐州所建之浮屠祠，亦见于史籍。可惜的是北魏中叶以前的许多重要实例，都已荡为烟雨，只能依靠不完全的文献，知道其中部分情况而已。现在国内所存的佛塔，以北魏正光四年（公元523年）所建的嵩山嵩岳寺塔为最古。从那时起到最近为止，国内现存大大小小的塔——大的约高80米，小的不过1米左右——何止数千。但塔的形范，归纳起来却不过几种。至于如何分类，德国的鲍希曼（Boeschmaum）和日本的伊东忠太，都各有不同的见解。现依我与梁思成先生的意见，则可暂分为五类，就是：楼阁式塔、单檐塔、密檐塔、喇嘛塔、金刚宝座式塔。

在说明这五种塔以前，应当对印度的窣堵坡（Stupa）佛塔予以简单介绍。谈到它的起源，也不是由佛教所创。它的式样，无疑地是由印度古代吠陀（Veda）时期的坟墓演变而来。今天因为时间有限，只能从佛教成立以后说起。

据说释迦摩尼涅槃后，门徒荼毗遗体，将骨灰舍利建塔保存，是为佛塔的起源。当时的塔，是建在佛寺的中央，信徒环行礼赞，成为信仰对象。所以塔在佛寺中居于最崇高的地位，也是寺内唯一的主要建筑物。但这类印度初期的佛塔，都未有遗物保存下来。现存遗物，以公元前2世纪至前1世纪所建的山基（Sanchi）大塔为最古（图1、2）。这塔内部砖造，外表覆以石片，自下而上，由四部分组合而成。最下为台基，台上建覆钵，平面都是圆形。自此以上，现已残

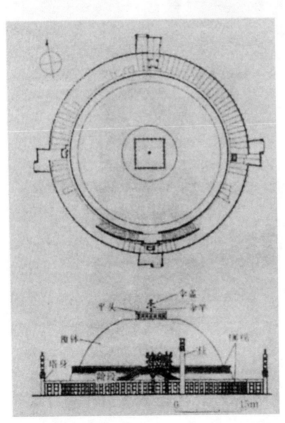

图1 印度山基大塔平立面

图2 印度山基大塔外观

毁，但据阿旃陀（Ajanta）石窟及其他证物，知覆钵之上，还有方形宝匣（梵语为Harmika，有人沿用缅甸语的Fee或Hti，实误），乃是奉藏舍利的所在。再上建刹杆，杆上饰以相轮（梵语Chhatra，意即伞，为印度贵人用以遮蔽日晒者。建于塔上，表示崇敬之意），其数目自一个到三、四、五、七、九不等。

印度佛塔的式样，也不是没有变迁的。自公元2—3世纪以后，塔下部的台基逐渐增高；或者在台基之上，再加一层较高的圆鼓（drum），全体形制渐趋于瘦长。此圆鼓部分到犍陀罗更趋发达，于是在台基与覆钵之间，增添了一个塔身。它传到中国，就成为单层墓塔的基本式样。此外，在阿旃陀石窟中，有些塔的覆钵上部反较下部稍宽；而公元6世纪以后，相轮的数目已增到十三层。此二者传入印度北部的尼泊尔（Nepal）和我国的西藏，便演变成喇嘛塔的塔肚子和十三天。以上所介绍的，无论是山基大塔，抑或是公元2—3世纪以后所演变的手法，都直接与间接影响了塔的式样，因此不得不循波溯源，略为介绍。其余次要的问题，需要说明的为数也不少，因为时间短促，只得全部割爱。

现在讲一讲中国的佛塔。

一、楼阁式塔

这一类塔，系以我国传统的木架构楼阁式建筑为基本（如见于汉明器中之塔楼），再加印度塔的覆钵与相轮而成。它的平面形状，最初都用正方形。层数有三、五、七、九几种。每层每面都置门窗。各层之间，以屋檐挑出。檐上施平座，绕以栏槛，构成塔身之外廊。到最上一层将塔顶收缩成为攒尖形状，并在顶部建高耸的刹。其结构为在刹柱上装露盘、覆钵、相轮、水烟、宝珠等，而以相轮为主要部分。这样使得木塔的外观，好像穿中国衣服戴印度帽子似的。《后汉书·陶谦传》载汉末中平、初平年间（公元189—193年），笮融在徐州所建之塔，"上累金盘，下为重楼"（按：金盘即铜或镀金之相轮），是文献上最早关于此类塔的记载。然而此种式样为笮融所创，抑在此以前早已成立，现在还不明了。如果确系笮融创造，则汉明帝永平十一年迎来梵佛像以后，约莫经过一百二十年，才有中国传统楼阁式木塔的出现。

自此以后，经南北朝迄于隋、唐，因佛教倡披，风靡全国，王公达官建塔起寺之风气，盛极一时，于是楼阁式木塔数量，大为增加。如《广弘明集》、《洛阳伽蓝记》与《水经注》等书所载南北朝诸刹之塔，十九皆属于此式。史载北魏洛阳永宁寺塔及隋文帝所建舍利塔百余座，亦全为木塔。这段时期是木塔的黄金时代，其声势煊耀，足以笼罩一切。可惜当时的实物，已经全部毁灭，现在我们研究我国早期的木塔，尚需证于日本奈良时期遗物，实在是令人惭愧。但间接形象，尚又

 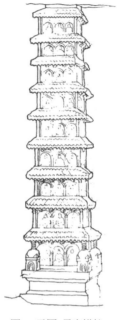 

图3　山西大同云冈2号窟塔柱　　　　图4　云冈6号窟塔柱　　　图5　云冈7号窟石刻

得自北朝石窟中的若干石刻（图3—5）。

　　唐代初期，楼阁式木塔仍然很多，然而砖石塔——尤以砖石结构的密檐塔——渐有喧宾夺主之势。安史之乱以后，木塔已大大减少。到五代、宋、辽时，实物更加寥寥可数。这大概是因为木材缺乏和不易保存的缘故。至于塔的平面，由正方形渐变为八角形，也是在唐、宋之际。如辽清宁二年（公元1056年）所建应州（今山西应县）佛宫寺塔（图6），为今日海内孤例，平面亦属八角形。元、明二代木塔更少。到清代则几乎绝迹。

　　如上所述，木塔自唐中叶以后虽已减少，但木楼阁式塔系统的砖石

图6　山西应县佛宫寺释迦塔

塔，自初唐起逐渐发达，足以弥补其稀缺。此种砖石塔大致又可分为两类，现分述于后：

第一类塔

塔身使用砖石及木材之混合结构，实例有河北正定天宁寺塔（图7）、广州六榕寺华塔（图8）。也有全部使用砖石结构的，实例可见河北涿州云居寺智度塔（图9）、浙江杭州闸口白塔等。虽然两者所用的建筑材料略有不同，但它们的出檐、斗拱、平座、门窗等，依然亦步亦趋，模仿木塔式样几无二致。此外，另有出檐较短，檐下斗拱比较简单的塔，如河南开封天清寺繁塔（图10）、山西赵城广胜上寺琉璃塔（图11）、山东长清灵岩寺辟支塔等，数量也很可观。

图7　河北正定天宁寺塔

图8　广州六榕寺华塔

图9　河北涿县（房山县）云居寺智度塔

图10　河南开封天清寺繁（pó）塔

图11　山西赵城广胜上寺飞虹塔
（亦称琉璃塔）

第二类塔

　　用砖石砌造的叠涩代替斗拱和出檐，其上无平座与栏杆，但各层比例依旧因袭木塔自下而上的递减方式。如陕西西安慈恩寺大雁塔（图12）、河北定县开元寺料敌塔、山西临汾大云寺琉璃塔（图13）等，都是这类塔的代表作品。但其出现时间应较第一类塔为早。

　　以上各种砖石塔的平面，在唐代多为正方形；唐末宋初之间，则有六角形、八角形两种；不久就为八角形所统一。以数量而言，此类木塔形式的砖石塔在唐代尚难与密檐塔分庭抗礼。但它们的外观，却比较适合于一般好尚，因此到了五代、北宋，就逐渐取密檐塔而代之。泊乎元、明，造塔之风已成强弩之末，但这种类型的塔在各种佛塔中，仍居领导地位；其分布范围，也较为广泛。

图12　西安慈恩寺大雁塔

图13　山西临汾大云寺琉璃塔

二、单檐塔

单檐塔大多以墓塔形式出现。所谓墓塔，乃僧尼荼毗后藏骨灰的地点，故又称为灰身塔或烧身塔。式样之多，不仅包括楼阁式塔、密檐塔、喇嘛塔于内，甚至有时连经幢亦在其列。但正宗的墓塔，却是犍陀罗传来的方形单檐塔。

唐以前的单檐塔式样，据山东历城神通寺四门塔及其他摩崖造像所示（图14—16），平面概为方形。塔之立面于最下构简单台基一层；上建塔身；然后以叠涩砌成出檐；檐上饰以山花蕉叶，上覆四角攒尖顶或半球形覆钵；最上置相轮，与犍陀罗塔极相类似。入唐以后，塔下之台

图14　河北磁县南响堂山石刻　　　　图15　河南安阳灵泉寺石刻

图16　山东济南神通寺石刻

基渐变为装饰较多之须弥座；塔身正面辟门，内设小室以安置骨灰；上部之塔顶改为挑出较大的叠涩，或径施中国式屋顶。但如河南登封嵩山会善寺净藏禅师塔（公元764年）采用八角形平面，并在塔身表面隐起门窗、斗拱的则不多见。这种现象到宋、辽时已大为改变，塔身砌出门窗、斗拱等固不待言，其屋顶亦增加到二层或三层，除塔身体积较小以外，几与木塔无所轩轾。此外，平面也有采用六边形或圆形的（图17）。

三、密檐塔

　　此式塔于台基上建较高之塔身；再上建丛密的出檐多层，其层数自三、五、七、九到十一、十三、十五、十六、十八层不等。诸塔檐的外轮廓，常常形成很美观的炮弹形弧线。至顶，则安置较小的塔刹。

　　这种塔的来源，有两种不同的说法：有人以为是模仿印度菩提伽耶（Bodh-Gaya）大塔的式样（图26）[①]；但也有人主张它是墓塔的增高，而出檐外轮廓的曲线则是由于采用了相轮的形制。对于前一种说法，因

————

① 编者：印度菩提伽耶大塔亦称佛陀伽耶大塔。

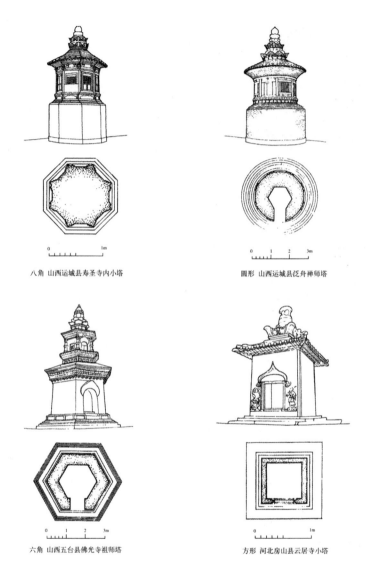

八角 山西运城县寿圣寺内小塔

圆形 山西运城县泛舟禅师塔

六角 山西五台县佛光寺祖师塔

方形 河北房山县云居寺小塔

图17 唐代单层塔

图18　河南登封永泰寺塔

为菩提伽耶大塔的建造年代至今尚未解决（现存之塔曾由缅甸人多次修理，已非原来面目）。我们如果根据该塔的现状，用以判断我国千余年前密檐塔来源问题，实在太不合理。后一说虽然似乎持之有据，言之成理，可是臆测多于实证，确否如此，尚属疑问。

密檐塔的平面，仅北魏嵩岳寺塔一例为十二边形。隋、唐两代，十九皆用正方形（图18）。塔身正面设门，内置方形小室一间，岧峣直上，如空井倒立。其中构桁架与楼板多层，并竖木梯以便升降。五代、宋、辽以来，域内大部之塔，平面多改为八角形（图19—21）。唯云南一隅，及至清末、民国，犹墨守隋、唐旧规，这也许是因为地理环境和交通不便的关系。

所谓八角形密檐塔，系于下部台基表面，镂砌斗拱、栏杆和莲瓣，以承托塔身。塔身表面则隐起柱枋、门窗、斗拱，上施椽题、飞檐。密檐塔至此，已和墓塔一样华化到了极点。它们的分布范围，大都在北宋的北部和辽的版图之内。而辽塔十九都属此式，称为最盛。流风所被，及于元、明，犹赓续营建。日本人明知它自嵩岳寺塔演变而来，却称之为辽塔或满洲塔，乃出于政治关系的别有用心，不值一笑。

图19　南京栖霞寺舍利塔

图21　河南安阳天宁寺塔

图20　河北正定临济寺青塔

图22　河南安阳白塔（元）

四、喇嘛塔

最下建须弥座两层，平面都是很复杂的亚字形。上置平面为圆形的金刚圈和塔肚子。再上是塔脖子，平面又是亚字形。最后建十三天（相轮）和宝盖、宝珠等。全体形制所保存印度佛塔的成分，较我国任何一种塔为多。

据英国考古学家斯坦因（Aurel Stein）的《西域考古记》（On Ancient Central-Asian Tracks），在黑城子（Khara-Khoto）的城墙上，已有西夏王朝建筑的喇嘛塔。但此种形式的塔大规模输入中国，实在元代初期。因元世祖忽必烈奉喇嘛教为国教，又奉西藏高僧八思巴为国师。后因营建寺塔，向尼泊尔征调工匠。于是尼泊尔派遣十五岁的天才匠师阿尼哥，率领匠人一百五十人来中国。现存北京西城之妙应寺白塔，即为阿尼哥所建。此塔比例匀当，气度雄浑，实为国内首屈一指的此类建筑佳作。但元代后期此式塔之比例已渐有变更，如河南安阳白塔所示（图22）。

明、清两代所建之喇嘛塔为数不少，但比例较之元代者渐趋瘦长（图23—25）。其分布范围，

图23　山西五台塔院寺塔（明）

图24　北京北海白塔（清）　　图25　青海湟中县塔尔寺喇嘛塔（清）

以西藏、青海、蒙古最多，热河、沈阳、北京、绥远、山西、云南次之。在应用方面，墓塔采用这种形式的较为普遍。而形式变化之多，颇难以一一缕举。

五、金刚宝座式塔

　　这是在高大的方形或矩形高台上，建塔五座，而中央一塔，体积较大，其余四塔同一尺度，分踞于大塔四隅。塔之形式，可用密檐式塔，亦可用喇嘛塔。

　　此种五塔合组的方式，可能是受印度佛陀伽耶大塔的影响（图26），我国虽于河北房山云居寺南塔（唐）及正定广慧寺华塔（金）（图27）已有先例，但塔下均无高台，故不能属于金刚宝座塔。真正的金刚宝座式塔，应以明成化九年（公元1473年）模仿中印度佛塔式样（即上述佛陀塔）而建的北京大正觉寺（或称五塔寺）为最早（图

图26　印度佛陀伽耶大塔

28）。此外，北京玉泉山（图29）碧云寺、云南昆明官渡、内蒙古呼和浩特慈灯寺等处，也有类似的塔存在。但就全国而论，数量甚为稀少，不能和以上四种其他佛塔相提并论。

综上所述，我国的塔绝大部分都属于佛教建筑（仅有小部是出于风水等原因）。自汉代伊始，经六朝、隋、唐，至五代、宋、辽，其式样结构之嬗变演绎，若风起云涌，莫可端倪，实为佛塔艺术的全盛时期。自此以后，则如江河日下，渐就式微。至

元、明两代，虽输入了喇嘛塔与金刚宝座塔二种新类型，究竟无补于全面衰落的颓势。任何一种艺术，由萌芽，而发展，在达到极盛后，即逐渐走向衰亡，乃是无法避免的必然规律。不过自己于此得到一点感想，也可以

图27　河北正定广慧寺华塔（仅存中央部分）（金）

图28 北京正觉寺金刚宝座塔（明）

图29 北京玉泉山金刚宝座塔（唐）

图30 中国佛塔平面的各种形式

登封县嵩岳寺塔
（北魏）

北京市妙应寺白塔
（元）

宜宾县旧州坝白塔（宋）

北京市大正觉寺
金刚宝座塔（明）

西安市荐福寺
小雁塔（唐）

登封县嵩山会善寺
净藏禅师塔（唐）

正定县天宁寺木塔
（宋）

正定县广惠寺华塔
（金）

图31　山东济宁铁塔寺铁塔（宋）

说是一个教训，就是汉、六朝到唐、宋，我国古代的建筑匠师们，一方面自外接受了印度的佛塔建筑艺术，另一方面又不以单纯的模仿为满足。他们将圆形的印度塔改为方形、六角形、八角形（其中也尝试了十二角形）等多种形式（图30），同时还以我国在汉代就已出现的传统木梁柱结构系统的多层楼阁为基础，创造了具有我国建筑特色的楼阁式木塔，和仿此木构式样的砖石塔和金属塔，后者如山东济宁铁塔寺铁塔（图31）及山西五台显通寺铜塔（图32）等等。其后又改变了墓塔和密檐塔的式样，将外来文化融合到中国传统之中。他们以杰出的创造，为我国的建筑文化留下了许多不可磨灭的丰碑，这样的精神，实在值得我们今天的建筑师的瞻仰与崇敬。现在我们又像汉

图32　山西五台显通寺铜塔（明）

代接受印度佛塔一样，正在接受欧美和世界的新建筑。当然，在短期内不能脱离模仿阶段，是自不待言的事。但在不久的将来，定能产生一种适合我国国情的、新的建筑式样，也是无可置疑的。我想在座的各位，一定不愿放弃这种千载一时的好机会，令使前人专美。古人说"鉴古而知今"。今天我虽是讲古代的佛塔，但不期然联想到我国将来的建筑发展，因此对于本会同人，实是抱有无穷的希望。

[此文发表于《公共工程专刊》第一集（1945年）]

略述中国的宗教和宗教建筑

这是两个在历史文化和建筑上极为重大而且涉及面甚为广阔的学术问题，不可能在短短的时间里讲清楚。在这里我只能作一点提纲性的介绍，以供大家工作参考。

一、首先要谈一谈宗教的起源和中国宗教发展的简况

有关宗教的含义可以从广义和狭义两个方面来理解和讨论。广义的指始于人类早期的原始迷信，主要是崇拜自然物（山、川、海洋……）和自然现象（风、雷、地震、海啸……）。有些对象还被形象化了，就

成为图腾。随着社会的进化，又由原始崇拜逐渐产生了宗教。狭义的就是指这后来出现的宗教。但它必须具有几个要素：首先，它要有明确的教义。其次要有一定的宗教组织和相关的仪式。最后，还要有阐明教义的经典。因此，二者不可混为一谈。然而无论是原始崇拜还是正式的宗教，在它们形成和发展的过程中，都会产生一些相互影响，并出现一些与之相关的艺术和文化，例如建筑、音乐、舞蹈、绘画、塑刻等。只是其程度与水平存在着较大的差别罢了。

中国的宗教又是怎样发展起来的呢？在人类社会和文化最初发达的地区，例如埃及、两河流域、印度和中国，都是以农业生产为主的。因此，给农业丰收带来最大影响的太阳、江河和土地等天地之神，就成为人类最早和最主要的崇拜对象。而那些带来歉收和破坏的洪水、地震、山崩、海啸……则是人们所深感畏惧而不得不屈从的神祇。除了这些，先民崇拜的还有火、生殖器官等等，因为它们也会给人类带来昌茂和繁盛。而自然界中的若干凶禽猛兽，如狮、虎、熊、巨蟒、鳄鱼……往往也成为膜拜对象，有的还成为某些部族的象征，并转化为图腾或族徽。总的来说，从事农业的先民所崇拜的对象似乎比从事游牧的先民要多一些，这大概是由于二者的生产劳动有所差异的缘故。而原始先民的上述多种崇拜，也导致了日后宗教所形成的多神现象。

原始崇拜必然要有它们的崇拜仪典，包括乞求神灵的祈祷和预测未来的占卜，还有就是要有主持和掌握仪典的执行者。人类的早期社会属于母系社会，由妇女执掌着部族的大权。因此原始宗教的祭祀也必然由妇女掌握，这就是巫。根据中外历史考证，女巫有着至高无上的神权，这一传统直到奴隶社会中还继续存在，如埃及和古罗马。在中国，现知从汉代到唐、宋一直都是女巫，宋以后才出现男巫。它表明了这种古代习俗衍延的久长。

中国正式宗教的出现大概是在东汉。佛教虽早创于印度，但在东汉明帝时才传来洛阳，并建造了中国首座佛寺白马寺。但当时佛教仅在上层统治阶级间传播，僧人是番僧，佛寺也是天竺制式。到了东汉末年，佛教才开始在民间流行，寺院也逐渐中国化。例如笮融在徐州建造的浮屠祠（当时官署称"寺"，宗教建筑称"祠"）。到南北朝时，佛教才得到真正的大发展，以后竟成为"国教"，经唐、宋直至明、清不衰。它的成功，除了历代统治者大力推广外，其教义的简明和易为广大民众接受，则是其成功的最大原因。

中国的第二大宗教是道教，它的起源应是从原始社会就存在的巫，传统的施法、驱鬼，再加上后来的五行、阴阳之说，是它的主要内容，但在汉代它还未形成正式的宗教。即使是东汉末年黄巾起义时所出现的太平道和五斗米道，都只是道教的雏形，还是离不开巫术的范畴，虽渗入了一些阴阳之说，并未形成什么正规的教义。后来知识分子将老子李耳附会为道家的始祖，东晋时又增添了黄老之说，才有了正式的教义。再吸收了佛教的组织形式和宗教仪式，因此道教的正式成立，应当在东晋以后。由于是出于土生土长，道教一直自称是中国的正统宗教，从而极力反对一切外来者，因此历史上也出现过多次佛、道之争。但由于道教本身的种种缺点，以及在民间难以普及，最后终于处佛教之下风。

伊斯兰教又称回教，是中国的第三大宗教，它何时传入中国，众说纷纭，莫衷一是。其大致时间应在唐朝。陆路是经由西域传到长安。海路则由波斯等地传到我国的广州、泉州一带，但范围仅及于沿海地区。当时来到我国的伊斯兰教徒主要是经营商业，运来非洲的象牙、香料和西亚的工艺品，运走中国的瓷器和丝绸，传布教义尚在其次，这和佛教完全不同。及至元代，蒙古人先曾征服西亚和中亚，并带来大量信奉伊斯兰教的色目人。当时对外的海运也很发达，来华经商的人更多，所至地域也逐渐深入内地，如江苏的扬州，就是当时他们在华较为集中的城市之一，现在还留下了伊斯兰礼拜寺和墓地。由于通商、通婚，交往日益密切，中国人信仰伊斯兰教的也日益增加，经过明、清两代，中国西北的新疆、甘肃、宁夏等省信仰此教的民众已占有很大比例，而陕西、河南、山东等省的回民，亦不在少数。

流行于欧洲（后来传到美洲）的天主教、基督教，虽在唐太宗时曾有少数信徒来到长安，当时称为大秦景教，但随后因武宗取缔而销声匿迹。然自明代利玛窦等来华以后，特别是经过清末的帝国主义列强入侵，西方传教士来华人数日益增加，除了国内的大中城市外，许多人还深入到边远内地的穷乡僻野，除设立教堂，宣传教义，并开办学校、医院……除了西北地区，后来他们在中国的势力，似已在道教和伊斯兰教以上。

二、其次要谈一谈我国宗教的建筑

即使在原始崇拜时期，为了举行崇拜仪式，必须设置祭祀的地点，它们可能在室外，也可能在室内，但都经过人工的处置，这就是最早的宗教建筑。随着社会的发展，宗教活动也愈来愈频繁，内容愈来愈丰富，因此对建筑的需求也愈来愈多，终于形成了一整套能满足各种宗教需求的建筑体系。

甲、佛教建筑大体上可划分为佛寺、石窟寺、摩崖石刻和僧人墓塔四大类。

1.佛寺：现以汉族佛寺为介绍对象，其余藏、蒙古、傣族佛教暂不列此。

中国早期佛寺总平面仍以塔为中心，其周围设置廊、院及门、殿。这是抄袭印度和西域的形制，从东汉到南北朝初期基本都采用这种方式，它后来又影响朝鲜和日本。而依照中国传统的宫殿、住宅式样，沿中轴线布置若干庭院的佛寺平面，也出现在南北朝。此类佛寺以大殿、佛堂为主，塔已退居次位，这种平面后来成为中国佛寺的主要形式。

佛寺依规模大小可分为：小者称"庵"，中者称"堂"，大者称"寺"，而最大者则在寺名前加"大"字，如北宋东京著名的大相国寺。大寺中又可分为相对独立的若干院，如观音院、罗汉院、达摩院、山池院等，多者可达数十院。

在单体建筑方面，除入寺处的山门、天王殿外，寺中最主要的建筑是大佛殿（供奉寺中主体佛像）和塔（有单塔和双塔之分），其次则有从属的佛殿和配殿（供奉寺内次要佛像）、经堂（又称讲堂）、法堂、藏经楼（或转轮藏）、钟楼、鼓楼等，有的寺中另置戒坛、禅堂、罗汉堂（有普通式及田字形平面的）、经幢。附属建筑有方丈、斋堂、客堂、僧舍、香积厨、浴室、净堂（厕所）、仓库、杂屋、碓房、水井等。此外还有供交通之廊庑，环绕寺院之围墙。有的寺前凿有放生池，寺内还建有园林（山池院），盛植山石、花木。

2.石窟寺：也是从印度传来的一种佛寺形式，它是依崖开山凿出洞窟，并雕刻自立体圆雕到深浅浮刻的各式大小佛像。现有此种大像的石窟寺，以山西大同云冈和河南洛阳龙门最为著名。后者的奉先寺卢舍那大佛，高达17米余。石窟之平面，由最初的椭圆形单窟逐渐发展为方形或矩形且具外廊（石刻或木构）之前、后室。在外观上也出现了屋顶、柱、阑额、斗拱、柱础等仿我国传统木建筑形式，表示它已日益中国化了。此外，甘肃敦煌的鸣沙山石窟则因石质不佳，从而以塑像和壁画为其主要表现形式。较早石窟中有的还凿出可供绕行礼诵的塔柱，保存了印度古制的遗风。

我国石窟寺的盛行期是北魏至唐、宋，元以后基本已无开凿者。

3.摩崖石刻：是在石壁上凿出圆雕佛像或先凿出浅龛，再雕作佛像，它与石窟寺之区别是没有石室。其规模大者亦极可观，如四川乐山凌云寺大佛刻于唐代，其大佛坐像自顶至踵高58.7米，原来像外建有九层木楼阁，现已毁。

4.僧人墓塔：一般是用以贮放僧尼"荼毗"（火化）后的骨灰，极少数也有放置肉身的。其位置大多置于佛寺之后或侧旁，常形成墓塔群。河南登封少林寺的墓塔群就是最为大家知晓的例子。

墓塔采用的形制，有密檐式塔、楼阁式塔、单层式塔和喇嘛式塔。就时代而言，前三种较早，喇嘛式墓塔出现较迟（元代及以后）。就目前数量而言，以喇嘛式墓塔为最多，单层墓塔次之。密檐式墓塔又次之，楼阁式墓塔最少。墓塔的平面，则以方形为最多，其余六角形、八角形与圆形的都不多。一般在南面开一门，由此进入塔内之小室。

墓塔大多由砖砌构，部分也有用石材的。其外形及装饰，因受到传统木构架建筑在不同时代的影响，往往在塔壁上隐出倚柱、阑额、枋、斗拱、壸门、直棂窗等。其中仅喇嘛塔式墓塔例外。

乙、道教建筑：总的说来道教建筑本身的特点并不显著。其建筑布局与佛寺差不多，只是名称略异。一般较大的道教建筑组群称为"宫"，较小的称为"观"。在单体建筑方面，亦没有佛寺中的类型多，即无塔、藏经楼、钟鼓楼等。在建筑装饰中，亦缺乏道教的特点，仅有太极图等少量图形而已。目前国内存留的最著名道教建筑是山西芮城永乐宫，建于元代，有门殿五重，其中尤以殿内的元代壁画至为精美，价值还在建筑之上。建于明代永乐年间的湖北均县武当山道观建筑群，规模居全国之冠，有殿堂三十余座，各殿依山建筑，气势宏伟。

道教之石刻造像，目前仅知有四川绵阳一处，规模不甚大，且部分已被毁坏。

丙、伊斯兰教建筑：回教寺院称为清真寺、礼拜寺，常附有教长及教徒之墓地。

新疆一带之清真寺仍保存了固有的伊斯兰建筑风格，主体建筑礼拜殿采用拱券、筒拱和穹窿结构，殿后设一朝向圣地麦加之圣龛。殿前或侧面设有拱廊。门窗则用尖形拱券形式。殿旁侧构以耸高的光塔。大的清真寺可建有几座礼拜殿，如新疆喀什阿巴伙加清真寺。附属建筑有供信徒礼拜前使用之浴室，及主持人阿訇之住所。此外，又有大片教徒墓地。建筑物外表面常贴以各色琉璃砖以构成多种形式之几何纹图案。内部壁面则以《古兰经》文及植物等图案为饰，而不用人体与动物形象。

内地明、清时期之清真寺建筑，基本已采用汉族传统建筑之结构与外观，亦有公共浴室及阿訇住所。内地之礼拜寺多无信徒墓地，亦不设光塔，但建"唤醒楼"（邦克楼）以召唤信徒前来礼拜。

丁、天主教、基督教建筑：一般称为教堂或礼拜堂。此于西方盛行之宗教传来中国后，其建筑仍基本保持旧有之格局与外观，主体建筑大多为平面长方形之礼拜堂。其入口处置门厅，其上部或两侧建以具尖顶之高大钟楼，建筑形式大致分为仿高矗式和普通式二种。建筑结构为木屋架，外护以砖石墙垣。门窗上部或做成拱形或尖拱状，有的还用棂条及彩色琉璃构成多幅表现圣迹或几何形之图案。

任教职之牧师、修女则另建住所，少数且附有专用之小礼拜堂。其建筑形式，除前述者外，有的已与西式普通住宅无殊。

位于偏僻地区之教堂，或因建筑条件之不充分（材料、施工条件、工匠水平……），其形制已受到当地建筑之强烈影响。

（1965年12月9日）

云冈石窟中所表现的北魏建筑

绪　言

　　民国廿二年（公元1933年）九月间，营造学社同人趁着到大同测绘辽、金遗建华严寺、善化寺等之便，决定附带到云冈去游览、考察数日。

　　云冈灵岩石窟寺为中国早期佛教史迹壮观。因天然的形势，在绵亘峭立的岩壁上，凿造龛像，建立寺宇，动兴伟大工程，如《水经注》漯水条所述"……凿石开山，因岩结构，真容巨壮，世法所希，山堂水殿，烟寺相望……"又如《续高僧传》中所描写的"……面别镌像，穷诸巧丽，龛别异状，骇动人神……"则这灵岩石窟更是后魏艺术之精华——中国美术史上一个极重要时期中难得的大宗实物遗证。

但是或因两个极简单的原因，这云冈石窟的雕刻除掉其在宗教意义上，频受人民香火，偶遭帝王巡幸礼拜外，十数世纪来直到近30余年前，在这讲究金石考古学术的中国里，却并未有人注意及之。

我们所疑心的几个简单的原因，第一个浅而易见的，自是地处边僻，交通不便。第二个原因，或是因为云冈石窟诸刻中，没有文字。窟外或崖壁上即使有，如《续高僧传》中所称之碑碣，却早已漫没不存痕迹，所以这偏重碑拓文字的中国金石学界里，便引不起什么注意。第三个原因，是士大夫阶级好排斥异端，如朱彝尊的《云冈石佛记》，即其一例，宜其湮没千余年，不为通儒硕学所称道。

近人中最早得见石窟，并且认识其在艺术史方面的价值和地位，发表文章，记载其雕饰形状，考据其兴造年代的，当推日人伊东[1]和新会陈援菴先生[2]。此后专家作有系统的调查和详细摄影的，有法人沙畹（Chavannes）[3]、日人关野贞、小野诸人[4]。各人的论著均以这时期因佛教的传布，中国艺术固有的血脉中，忽然渗杂旺而有力的外来影响，为可重视。且西域所传入的影响，其根苗可远推至希腊古典的渊源，中间经过复杂的途径，迤逦波斯，蔓延印度（插图2），更推迁至西域诸族。又由南、北两路犍陀罗及西藏以达中国。这种不同文化的交流濡染，为历史上最有趣的现象，而云冈石刻便是这种现象极明晰的实证之一，自然也就是近代治史者所最珍视的材料了。

根据云冈诸窟雕饰花纹的母题（motif）及刻法，佛像的衣褶、容貌及姿势（插图1），断定中国艺术约莫由这时期起，走入一个新的转变，是毫无问题的。以汉代遗刻中所表现的一切戆直古劲的人物、车马花纹（插图2）与六朝以还的佛像饰纹和浮雕的草叶、璎珞、飞仙等等相比较，则前后判然不同的倾向，一望而知。仅以刻法而论，前者简单冥顽，后者在质朴中，忽而柔和生动，更是相去悬殊。

但云冈雕刻中，"非中国"的表现甚多：或显明承袭希腊古典宗脉；或繁富的渗杂印度佛教艺术影响。其主要各派元素多是囫囵包并，不难一一辨认出来的。因此又与后魏迁洛以后所建伊阙石窟——即龙门——诸石刻（插图3）稍不相同。以地点论，洛阳伊阙已是中原文化中心所在；以时间论，魏帝迁洛时，距武州凿窟已经半世纪之久；此期中国本有艺术的风格，得到西域袭入的增益后，更是根深蒂固，一日千里，反将外来势力积渐融化，与本有的精神冶于一炉。

插图1　云冈造像

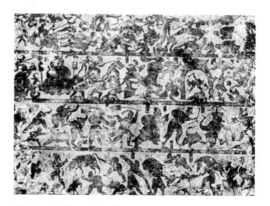

插图2　武梁祠汉代画像

云冈雕刻既然上与汉刻迥异，下与龙门比较又有很大差别，其在中国艺术史中，固自成一特种时期。近来中、西人士对于云冈石刻更感兴趣，专诚到那里谒拜鉴赏的，便成为常事，摄影翻印，到处可以看到。同人等初意不过是来大同机会不易，顺便去灵岩开开眼界，瞻仰后魏艺术的重要表现；如果获得一些新的材料，则不妨图录笔记下来，作一种

插图3　龙门造像

云冈研究补遗。

以前从搜集建筑实物史料方面，我们早就注意到云冈、龙门及天龙山等处石刻上"建筑的"（architectural）价值，所以造像之外，影片中所呈示的各种浮雕花纹及建筑部分（若门楣、栏杆、柱塔等等），均早已列入我们建筑实物史料的档库。这次来到云冈，我们得以亲目抚摩这些珍罕的建筑实物遗证，同行诸人不约而同的第一转念，便是作一种关于云冈石窟"建筑的"方面比较详尽的分类报告。

这"建筑的"方面有两种：一是洞本身的布置、构造及年代，与敦煌、印度之差别等等，这个倒是比较简单的。一是洞中石刻上所表现的北魏建筑物及建筑部分，这后者却是个大大有意思的研究，也就是本篇所最注重处，亦所以命题者。然后我们当更讨论到云冈飞仙的雕刻，及石刻中所有的雕饰、花纹的题材、式样等等。最后当在可能范围内，研究到窟前当时、历来及现在的附属木构部分，以结束本篇。

一、洞名

　　云冈诸窟，自来调查者各以主观命名，所根据的多依赖于传闻，以讹传讹，极不一致。如沙畹书中未将东部四洞列入，仅由中部算起。关野虽然将东部补入，却又遗漏中部西端三洞。至于伊东最早的调查，只限于中部诸洞，把东、西二部全体遗漏，虽说时间短促，也未免遗漏太厉害了。

　　本文所以要先厘定各洞名称，俾下文说明有所根据。兹依云冈地势分云冈为东、中、西三大部。每部自东往西依次排号；小洞无关重要者从略。再将沙畹、关野、小野三人对于同一洞的编号及名称，分行罗列于下，以作参考。

东部	沙畹命名	关野命名（附中国名称）	小野调查之名称
第一洞		NO.1（东塔洞）	石鼓洞
第二洞		NO.2（西塔洞）	寒泉洞
第三洞		NO.3（隋大佛洞）	灵岩寺洞
第四洞		NO.4	
中部			
第一洞	NO.1	NO.5（大佛洞）	阿弥陀佛洞
第二洞	NO.2	NO.6（大四面佛洞）	释迦佛洞
第三洞	NO.3	NO.7（西来第一佛洞）	准提阁菩萨洞
第四洞	NO.4	NO.8（佛籁洞）	佛籁洞
第五洞	NO.5	NO.9（释迦洞）	阿閦佛洞
第六洞	NO.6	NO.10（持钵佛洞）	昆庐佛洞
第七洞	NO.7	NO.11（四面佛洞）	接引佛洞

| 第八洞 | NO.8 | NO.12（椅像洞） | 离垢地菩萨洞 |
| 第九洞 | NO.9 | NO.13（弥勒洞） | 文殊菩萨洞 |

西部

第一洞	NO.16	NO.16（立佛洞）	接引佛洞
第二洞	NO.17	NO.17（弥勒三尊洞）	阿閦佛洞
第三洞	NO.18	NO.18（立三佛洞）	阿閦佛洞
第四洞	NO.19	NO.19（大佛三洞）	宝生佛洞
第五洞	NO.20	NO.20（大露佛）	白佛耶洞
第六洞		NO.21（塔洞）	千佛洞

　　本文仅就建筑与装饰花纹方面研究，凡无重要价值的小洞，如中部西端三洞与西部东端二洞均不列入，故篇中名称与沙畹、关野两人的号数不合（插图6）。此外云冈对岸西小山上，有相传造像工人所凿，自为功德的鲁班窑二小洞；和云冈西七里姑子庙地方，被川水冲毁，仅余石壁残像的尼寺石祇洹舍，均无关重要，不在本文范围以内。

二、洞的平面及其建造年代

　　云冈诸窟中，只是西部第一到第五洞，平面作椭圆形，或杏仁形，与其他各洞不同。关野、常盘合著的《支那佛教史迹》第二集评解，引《魏书》兴光元年（公元454年），于五缎大寺为太祖以下五帝铸铜像之例，疑此五洞亦为纪念太祖以下五帝而设，并疑《魏书·释老志》所言昙曜开窟五所即此五洞，其时代在云冈诸洞中为最早。

　　考《魏书·释老志》卷百十四原文："……兴光元年秋，敕有司于五缎大寺内，为太祖以下五帝铸造释迦立像五，各长一丈六尺。……太安初，有狮子国胡沙门邪奢遗多、浮陁难提等五人，奉佛像三到京都，皆云备历西域诸国，见佛影迹及肉髻，外国诸王相承，咸遣工匠摹写其容，莫能及难提所造者。去十余步视之炳然，转近转微。又沙勒胡沙门赴京致佛钵，并画像迹。和平初，师贤卒，昙曜代之，更名沙门统。初，昙曜以复法之明年，自中山被命赴京，值帝出，见于路……帝后奉以师礼。昙曜白帝，于京城西武州塞，凿山石壁，开窟五所，镌建佛像各一，高者七十尺，次六十尺。雕饰奇伟，冠于一世……"

所谓"复法之明年"，自是兴安二年（公元453年）魏文成帝即位的第二年，也就是太武帝崩后第二年。关于此节，有《续高僧传》昙曜传中一段记载，年月非常清楚："先是太武皇帝太平真君七年（公元446年），司徒崔皓令帝崇重道士寇谦之，拜为天师，珍敬老氏。虔刘释种，焚毁寺塔。至庚寅年（太平真君十一年），太武感疠疾，方始开悟。帝心既悔，诛夷崔氏。至壬辰年（太平真君十三年，亦即兴安元年）太武云崩，子文成立，即起塔寺，搜访经典。毁法七载，三宝还兴；曜慨前陵废，欣今重复……"由太平真君七年毁法，到兴安元年"起塔寺"、"访经典"的时候，正是前后七年，故有所谓"毁法七载，三宝还兴"的话；那么无疑的"复法之明年"，即是兴安二年了。

所可疑的只是：（一）到底昙曜是否在"复法之明年"见了文成帝便去开窟；还是到了"和平初，师贤卒"，他做了沙门统之后，才"白帝于京城西……开窟五所"？这里前后就有八年的差别，因魏文成帝于兴安二年后改号兴光，一年后又改太安，太安共五年，才改号和平的。（二）《释老志》文中"后帝奉以师礼，曜白帝于京城西……"这里"后"字，亦颇蹊跷。到底这时候，距昙曜初见文成帝时候有多久？见文成帝之年固为兴安二年，他禀明要开窟之年（即使不待他做了沙门统），也可在此后两三年，三四年之中，帝奉以师礼之后！

总而言之，我们所知道的只是昙曜于兴安二年（公元453年）入京见文成帝，到和平初年（公元460年）做了沙门统。至于武州塞五窟，到底是在这八年中的哪一年兴造的，则不能断定了。

《释老志》关于开窟事，和兴光元年铸造像事的中间，又记载那一节太安初师子国（锡兰）胡沙门难提等奉像到京都事。并且有很恭维难提摹写佛容技术的话。这个令人颇疑心与石窟镌像有相当瓜葛。即不武断的说，难提与石窟巨像，有直接关系。因难提造像之佳，"视之炳然……"而猜测他所摹写的一派佛容，必然大大地影响当时佛像的容貌，或是极合理的。云冈诸刻虽多犍陀罗影响，而西部五洞巨像的容貌衣褶，却带着极浓厚的中印度气味。

至于《释老志》，"昙曜开窟五所"的窟，或即是云冈西部的五洞，此说由云冈石窟的平面方面看起来，我们觉得更可以置信。（一）因为它们的平面配置，自成一统系，且自左至右五洞，适相联贯。（二）此五洞皆有本尊像及胁侍，面貌最富异国情调（插图4），与他洞佛像大异。（三）洞内壁面列无数小龛小佛，雕刻甚浅，没有释迦事迹图。塔与装饰花纹亦甚少，和中部诸洞不同。（四）洞的平面由不规则的形体，进为有规则之方形或长方形，乃工作自然之进展与要求。因这五洞平面的不规则，故断定其开凿年代必

插图4　云冈中部第四洞门拱西侧像

最早。

《支那佛教史迹》第二集评解中，又谓中部第一洞为孝文帝纪念其父献文帝所造，其时代仅次于西部五大洞。因为此洞平面前部虽有长方形之外室，后部仍为不规则之形体，乃过渡时代最佳之例。这种说法，固甚动听，但文献上无佐证，实不能定谳。

中部第三洞有太和十三年（公元489年）铭刻；第七洞窗东侧，有太和十九年（公元495年）铭刻，及洞内东壁曾由叶恭绰先生发现之太和七年（公元483年）铭刻。文中有"邑义信士女等五十四人……共相劝合为国兴福，敬造石庙形像九十五品及诸菩萨，愿以此福……"等等。其他中部各洞全无考。但就佛容及零星雕刻作风而论，中部偏东诸洞仍富于异国情调（插图6）。偏西诸洞虽洞内因石质风化过甚，形像多经后世修葺，原有精神完全失掉。而洞外崖壁上的刻像，石质较坚硬，刀法伶俐可观，佛貌又每每微长，口角含笑，衣褶流畅精美，渐类龙门诸像。已是较晚期的作风无疑。和平初年到太和七年，已是23年，实在不能不算是一个相当的距离。且由第七洞更偏西去的诸洞，由形势论，当是更晚的增辟，年代当又在太和七年后若干年了。

西部五大洞之外，西边无数龛洞（多已在崖面成浅龛）以作风论，大体较后于中部偏东四洞，而又较古于中部偏西诸洞。但亦偶有例外，如西部第六洞的洞口东侧，有太和十九年铭刻，与其东侧小洞，有延昌年间的铭刻。

我们认为最稀奇的是东部未竣工的第三洞。此洞又名灵岩，传为昙曜的译经楼，规模之大，为云冈各洞之最。虽未竣工，但可看出内部佛像之后，原计划似预备凿通，俾可绕行佛后的。外部更在洞顶崖上凿出独立的塔一对（插图46）。塔后石壁上又有小洞一排，为他洞所无。以事实论，颇疑此洞因孝文帝南迁洛阳，在龙门另营石窟，平城（即大同）日就衰落，故此洞工作半途中辍，但确否尚须考证。以作风论，关野、常盘谓第三洞佛像在北魏与唐之间，疑为隋炀帝纪念其父文帝所建。新海、中川合著之《云冈石窟》竟直称为初唐遗物。这两说未免过于武断。事实上，隋、唐皆都长安、洛阳，决无于云冈造大窟之理，史上亦无此先例。且即根据作风来察这东部大洞的三尊巨像的时代，也颇有疑难之处。

我们前边所称，早期异国情调的佛像，面容为肥圆的，其衣纹细薄，贴附于像身（所谓湿褶纹者）；佛体呆板、僵硬，且权衡短促；与他像修长微笑的容貌，斜肩而长身，质实垂重的衣裾褶纹，相较起来显然有大区别。现在这里的三像，事实上虽可信其为云冈最晚的工程，但像貌、衣褶、权衡，反与前者所谓异国神情者，同出一辙，骤反后期风格。

不过在刀法方面观察起来，这三像的各样刻工，又与前面两派不同，独成一格。这点在背光和头饰的上面尤其显著。

这三像的背光上火焰，极其回绕柔和之能事，与西部古劲挺强者大有差别。胁侍菩萨的头饰则繁富精致（ornate），花纹更柔圆近于唐代气味（论者定其为初唐遗物，或即为此）。佛容上、耳、鼻、手的外廓刻法，亦肥圆避免锐角，项颈上三纹堆叠，更类他处隋代雕像特征。

这样看来，这三像岂为早期所具规模，至后（迁洛前）才去雕饰的，为一种特殊情况下遗留的作品？不然，岂太和以后某时期中云冈造像之风暂敛，至孝文帝迁都以前，镌建东部这大洞时，刻像的手法乃大变，一反中部风格，倒去模仿西部五大洞巨像的神气？再不然，即是兴造此洞时，在佛像方面，有指定的印度佛像作模型镌刻。关于这点，文献上既苦无材料帮同消解这种种哑谜。东部未竣工的大洞兴造年代，与佛像雕刻时期，到底若何，恐怕仍成疑问，不是从前论断者所见得的那么简单"洞未完竣而辍工"。近年偏西次洞又遭凿毁一角，东部这三洞，灾故又何多？

现在就平面及雕刻诸点论，我们可约略地说：西部五大洞建筑年代最早，中部偏东诸大洞次之，西部偏西诸洞又次之。中部偏西各洞及崖壁外大龛再次之。东部在雕刻细工上，则无疑的在最后。

离云冈全部稍远，有最偏东的两塔洞。塔居洞中心，注重于建筑形式方面，瓦檐、斗拱及柱，均极清晰显明，佛像反模糊无甚特长，年代当与中部诸大洞前后相若；尤其是释迦事迹图，宛似中部第二洞中所有。

就塔洞论，洞中央之塔柱雕大尊佛像者较早，雕楼阁者次之。详下文解释。

三、石窟的源流问题

石窟的制作受佛教之启迪，毫无疑问，但印度Ajanta诸窟之平面（插图5）比较复杂，且纵穴甚深，内有支提塔，有柱廊，非我国所有。据Von Le Cop在新疆所调查者（插图5），其平面以一室为最普通，亦有二室者。室为方形，较印度之窟简单，但是诸窟的前面用走廊连贯，骤然看去，多数的独立的小窟团结一气，颇觉复杂。这种布置，似乎在中国窟与印度窟之间。

敦煌诸窟在伯希和书中没有平面图，不得知其详。就相片推测，有二室联结的。有塔柱，四面雕佛像的。室的平面也是以方形和长方形居多。疑与新疆石窟是属于一个系统，只因没有走廊联络，故更为简单。

云冈中部诸洞大半都是前、后两间。室内以方形和长方形为最普通。当然受敦煌及西域的影响较多，受印度的影响较少。所不可解者，昙曜最初所造的西部五大窟，何以独作椭圆形、杏仁形（插图6），其后中部诸洞，始与敦煌等处一致？岂此五洞出自昙曜及其工师独创的意匠？抑或受了敦煌、西域以外的影响？在全国石窟未经精密调查的今日，这个问题又只得悬起待考了。

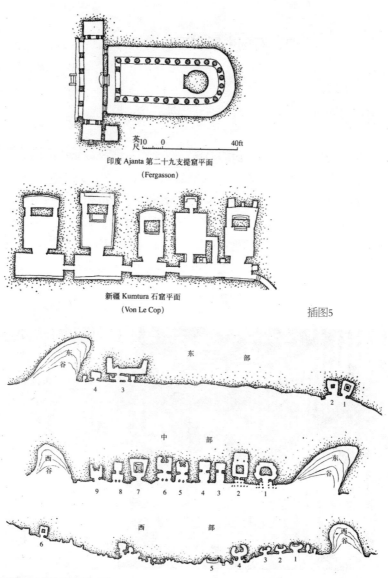

印度 Ajanta 第二十九支提窟平面
(Fergasson)

新疆 Kumtura 石窟平面
(Von Le Cop)

插图5

插图6　云冈石窟全部平面

四、石刻中所表现的建筑形式

（一）塔

云冈石窟所表现的塔分两种：一种是塔柱，另一种便是壁面上浮雕的塔。

（甲）塔柱是个立体实质的石柱，四面镂着佛像，最初塔柱是模仿印度石窟中的支提塔（插图7），纯然为信仰之对象。这种塔柱立在中央，为的是僧众可以绕行柱的周围，礼赞供养。伯希和《敦煌图录》中认为北凉建造的第111洞，就有塔柱，每面皆琢佛像。云冈东部第四洞及中部第二洞、第七洞，也都是如此琢像在四面的，其受敦煌影响当没有疑问。所宜注意之点，则是由支提塔变成四面雕像的塔柱，中间或尚有其过渡形式，未经认识，恐怕仍有待于专家的追求。

插图7　Karl ê 支提塔

稍晚的塔柱中间佛像缩小，柱全体成小楼阁式的塔，每面镂刻着檐柱、斗拱，当中刻门拱形（有时每面三间或五间），浮雕佛像，即坐在门拱里面。虽然因为连着洞顶，塔本身没有顶部，但底下各层实可作当时木塔极好的模型。

与云冈石窟同时或更前的木构
建筑，我们固未得见，但《魏书》中
有许多建立多层浮屠的记载，且《洛
阳伽蓝记》中所描写的木塔，如熙平
元年（公元516年）胡太后所建之永
宁寺九层浮屠，距云冈开始造窟仅50
余年，木塔营建之术，则已臻极高程
度。可见半世纪前，三、五层木塔，
必已甚普通。至于木造楼阁的历史，
根据史料，更无疑的已有相当年代，
如《后汉书》陶谦传，说"笮融大起
浮屠寺，上累金盘，下为重楼"。而
汉刻中，重楼之外，陶质明器中，且
有极类塔形的三层小阁，每上一层面
阔且递减（插图8）。故我们可以相信

插图8　汉明器三层楼阁

云冈塔柱，或浮雕上的层塔，必定是本着当时的木塔而镌刻的，决非臆造
的形式。因此云冈石刻塔，也就可以说是当时木塔的石仿模型了。

属于这种的云冈独立塔柱，共有五处，平面皆方形（《伽蓝记》中
木塔亦谓"有四面"），列表如下：

东部第一洞	二层	每层一间（插图9）
东部第二洞	三层	每层三间（插图10）
中部东山谷中塔洞	五层？	每层？间
西部第六洞	五层	每层五间（插图11）
中部第二洞（中间四大佛像）（四角四塔柱）	九层	每层三间（插图12）

插图9 云冈东部第一洞二层塔柱

插图10 东部第二洞三层塔柱

插图11 西部第六洞五层塔柱

插图12 中部第二洞九层塔柱

上列五例，以西部第六洞的塔柱为最大，保存最好。塔下原有台基，惜大部残毁不能辨认。上边五层重叠的阁，面阔与高度呈递减式，即上层面阔与高度比下层每次减少，使外观安稳隽秀。这是中国木塔重要特征之一，不意频频见于北魏石窟雕刻上，可见当时木塔主要形式已是如此，只是平面似尚限于方形。

日本奈良法隆寺塔为高丽东渡僧人监造，建于隋炀帝大业三年（公元607年），间接传中国六朝建筑形制。虽较熙平元年永宁寺塔，晚几一世纪，但因远在外境，形制上亦必守旧，不能如文化中区的迅速精进。法隆寺塔（插图13）共五层，平面亦是方形；建筑方面已精美成熟，外表玲珑开展。推想在中国本土先此百余年时，当已有相当可观的木塔建筑无疑。

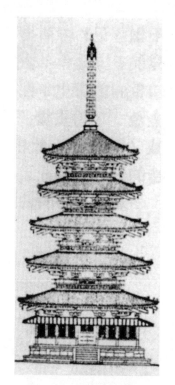

插图13　日本奈良法隆寺五重塔

至于建筑主要各部，在塔柱上亦皆镌刻完备，每层的阁所分各间，用八角柱区隔，中雕龛拱及像（龛有圆拱、五边拱两种间杂而用）。柱上部放栌斗，载阑额，阑额上不见普拍枋。斗拱仅柱上用一斗三升；补间用"人字拱"；檐椽只一层，断面作圆形，椽到阁的四隅作斜列状，有时檐角亦微微翘起。椽与上部的瓦垄间隔则上下一致。最上层因须支撑洞的天顶，所以并无似浮雕上所刻的刹柱、相轮等等。除此之外，所表现各部，都是北魏木塔难得的参考物。

又东部第一洞、第二洞的塔柱，每层四隅皆有柱，现仅第二洞的尚存一部分。柱断面为方形，微去四角。当时还有栏杆围绕，可惜全已毁坏。第一洞廊上的天花作方格式，还可以辨识。

中部第二洞的四小塔柱，位于刻大像的塔柱上层四隅。平面亦方形。阁共九层，向上递减至第六层。下六层四隅，有凌空支立的方柱。这四个塔柱因平面小，故檐下比较简单，无一斗三升的斗拱、人字拱及阑额。柱是直接支于檐下，上有大坐斗，如同多立克式柱头（Doricorder），更有意思的，就是檐下每龛门拱上，左、右两旁有伸出两卷瓣的梁头，与奈良法隆寺金堂上"云肘木"（即云形拱）或玉虫厨子柱的"受肘木"极其相似。唯底下为墙，且无柱，亦无坐斗（插图14）。

这几座多层的北魏塔型，又有个共有的现象值得注意的，便是底下一层檐部，直接托住上层的阁，中间没有平座。此点即奈良法隆寺五层塔亦如是。阁前虽有勾阑，却非后来的平座，因其并不伸出阁外另用斗拱承托着。

（乙）浮雕的塔遍见各洞，种类亦最多。除上层无相轮，仅刻忍冬草纹的，疑为浮雕柱的一种外（伊东因

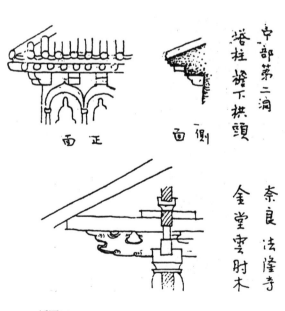

插图14

插图15　一层塔

其上有忍冬草，称此种作哥林特式柱Corinthian order）其余列表如下。

一层塔：（1）上圆下方，有相轮五重（插图15）。见中部第二洞上层，及中部第九洞。

（2）方形，见中部第九洞。

三层塔：平面方形，每层间数不同（插图16）。

（1）见中部第七洞，第一层一间，第二层二间，第三层一间，塔下有方座，脊有合角鸱尾，刹上具相轮五重及宝珠。

（2）见中部第八、第九洞，每层均一间。

（3）见西部第六洞，第一层二间，第二、三层各一间，每层脊有合角鸱尾。

（4）见西部第二洞，第一、二层各一间，第三层二间。

五层塔：平面方形。

（1）见东部第二洞，此塔有侧脚。

（2）见中部第二洞，有台基，各层面阔、高度均向上递减（插图17）。

（3）见中部第七洞。

七层塔：平面方形（插图18）。

见中部第七洞，塔下有台座，无枭混及莲瓣。

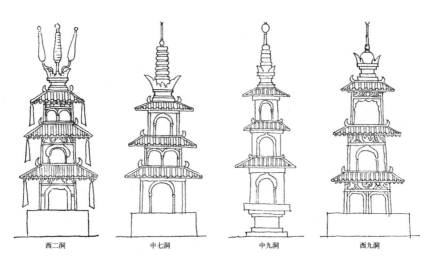

西二洞　　　　　　　　中七洞　　　　　　　　中九洞　　　　　　　　西九洞

插图16　云冈石窟浮雕三层塔四种

插图17a　中部第一洞浮雕五层塔　　　　　插图17b　中部第二洞浮雕五层塔

插图18　云冈石窟中部第七洞浮雕七层塔

每层之角悬幡，刹上具相轮五层及宝珠。

以上（甲）（乙）两种塔，虽表现方法稍不同，但所表示的建筑样式，除圆顶塔一种外，全是中国"楼阁式塔"建筑的实例。现在可以综合它们的特征，列成以下各条。

（1）平面全限于方形一种，多边形尚不见。

（2）塔的层数，只有东部第一洞有个偶数的，余全是奇数，与后代同。

（3）各层面阔和高度，向上递减，亦与后代一致。

（4）塔下台基没有曲线枭混和莲瓣，颇像敦煌石窟的佛座，疑当时还没有像宋代须弥座的繁缛雕饰。但是后代的枭混曲线，似乎由这种直线枭混演变出来的。

（5）塔的屋檐皆直檐（但浮雕中殿宇的前檐，有数处已明显的上翘），无裹角法，故亦无仔角梁、老角梁之结构。

（6）椽子仅一层，但已有斜列的翼角椽子。

（7）东部第二窟之五层塔浮雕，柱上端向内倾斜，大概是后世侧脚之开始。

（8）塔顶之形状（插图19），东部第二洞浮雕五层塔，下有方座。其露盘极像日本奈良法隆寺五重塔，其上忍冬草雕饰，如日本的受花。再上有覆钵，覆钵上刹柱饰相轮五重，顶冠宝珠。可见法隆寺塔刹上诸物，俱传自我国。区别只在法隆寺塔刹的覆钵，在受花下；云冈的却居

插图19 云冈东部第二洞浮雕塔刹

受花上。云冈刹上没有水烟，与日本的亦稍不同。相轮之外廓，上小下大（东部第二洞浮雕），中段稍向外膨出。东部第一洞与中部第二洞之浮雕塔，一塔三刹。关野谓为"三宝"之表征，其制为近世所没有。总之根本全个刹，即是一个窣堵坡（Stupa）。

（9）中国楼阁向上递减，顶上加一个窣堵坡，便为中国式的木塔。所以塔虽是佛教象征意义最重的建筑物，传到中土，却中国化了，变成这中、印合璧的模式，而在全个结构及外观上，中国成分实又占得多。如果《后汉书》陶谦传所记载的不是虚伪。此种木塔，在东汉末期，恐怕已经布下种子了？

（二）殿宇

壁上浮雕殿宇共有两种，一种是刻成殿宇正面模型，用每两柱间的空隙，镌刻较深佛龛而居像（插图21、22）。另一种则是浅刻释迦事迹图中所表现的建筑物（插图20）。这两种殿宇的规模虽甚简单，但建筑部分固颇清晰可观，和浮雕诸塔同样有许多可供参考的价值，如同檐柱、额枋、斗拱、房基、栏杆、阶级等等。不过前一种既为佛龛的外饰，有时竟不是十分忠实的建筑模型；檐下瓦上多增加非结构的花鸟。后者因在事迹图中，故只是单间的极简单的建筑物，所以两种均不足代表当时的宫室全部的规制。它们所供给的价值的实证，故仍在几个建筑部分上。详下文。

插图20　中部第二洞佛迹图

（三）洞口柱廊

洞口因石质风化太甚残破不堪，石刻建筑结构，多已不能辨认。但中部诸洞有前、后两室者，前室多作柱廊，形式类希腊神庙前之茵安提斯（Inantis）柱廊之布置。廊作长方形，面阔约倍于进深，前面门口加两根独立大支柱，分全面阔为三间。这种布置，亦见于山西天龙山石窟。唯在比例上，天龙山的廊较为低小，形状极近于木构的支柱及阑额。云冈柱廊（最完整的见于中部第八洞，插图23、24）柱身

插图21 中部第八洞东壁浮雕佛殿

插图22 中部第八洞西壁浮雕佛像

则高大无伦。廊内开敞，刻几层主要佛龛。惜外面其余建筑部分，均风化不稍留痕迹，无法考其原状。

五、石刻中所见建筑部分

（一）柱

柱的平面虽说有八角形、方形两种。但方形的亦皆微去四角，而八角形的亦非正八角形，只是所去四角稍多，"斜边"几乎等于"正边"而已。

柱础见于中部第八洞的，也作八角形，颇像宋式所谓碩。柱身下大上小，但未有entasis及卷杀。柱面常有浅刻的花纹，或满琢小佛龛。柱上皆有坐斗，斗下有皿板，与法隆寺同。

柱部分显然得外国影响的，散见各处：如（1）中部第八洞入口的两侧有二大柱，柱下承以台座，略如希腊古典的pedestal，疑是受犍

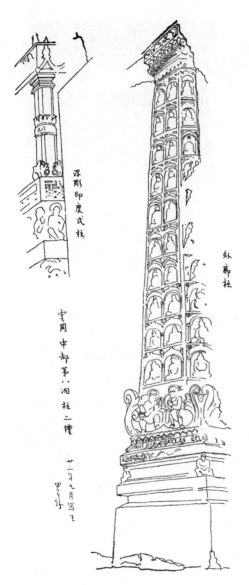

插图23　云冈中部第八洞柱二种

陀罗的影响。（2）中部第八洞柱廊内墙东南转角处，有一八角短柱立于勾栏上面（插图23）；柱头略像方形小须弥座，柱中段绕以莲瓣雕饰，柱脚下又有忍冬草叶，由四角承托上来。这个柱的外形极似印度式样，虽然柱头、柱身及柱脚的雕饰，严格的全不本着印度花纹。（3）各种希腊柱头（插图24）：中部第八洞有爱奥尼克式柱头（Ionic order）极似Temple of Neandria柱头（插图25）。散见于东部第一洞，中部三、四等洞的，有哥林特式柱头，但全极简单，不能与希腊正规的order相比；且云冈的柱头乃忍冬草大叶，远不如希腊acanthus叶的复杂。（4）东部第四洞有人形柱，但极粗糙，且大部已毁。（5）中部第二洞龛拱下，有小短柱支托，则又完全作波斯形式。且中部第八洞壁面上，亦有兽形拱与波斯兽形柱头相仿（插图26）。（6）中部某部浮雕柱头，见于印度古石刻（插图27）。

插图24　中部第八洞爱奥尼克及哥林特式柱并万字栏杆

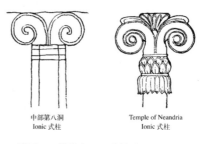

中部第八洞
Ionic 式柱

Temple of Neandria
Ionic 式柱

插图25　希腊古Ionic式柱头

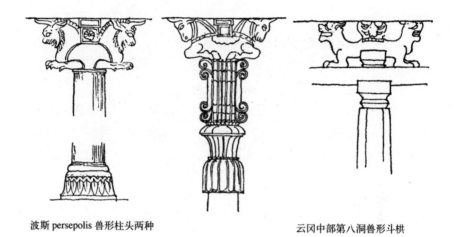

波斯 persepolis 兽形柱头两种　　　　　　　　云冈中部第八洞兽形斗栱

插图26　波斯式兽形柱头

中部第二洞南壁　　Bharhut Stupa　石刻

插图27　印度"元宝式"柱头

（二）阑额

阑额载于坐斗内，没有普拍枋，额亦仅有一层。坐斗与阑额中间有细长替木，见中部第五、第八洞内壁上浮雕的正面殿宇（插图21）。阑额之上又有坐斗，但较阑额下柱头坐斗小很多，而与其所承托的斗栱上三个小斗尺度略同。斗栱承柱头枋，枋则又直接承于椽下。

（三）斗拱（插图21、22及各塔柱图）

柱头铺作一斗三升放在柱头上之阑额上，拱身颇高，无拱瓣，与天龙山之例不同。小斗（即升）下有皿板。

补间铺作有人字形拱，有皿板。人字之斜边作直线，或尚存古法。

中部第八洞壁面佛龛上的殿宇正面，其柱头铺作的斗拱，外形略似一斗三升，而实际乃刻两兽相背作屈膝状，如波斯柱头（插图26）。

（四）屋顶

一切屋顶全表现四注式，无九脊殿式（即清之歇山）、硬山、不厦两头造（即清之挑山）等。屋角或上翘，或不翘，无子角梁、老角梁之表现（插图21、22）。

椽子皆一层，间隔较瓦轮稍密，瓦皆筒瓦。屋脊的装饰，正脊两端用鸱尾，中央及角脊用凤凰形装饰，尚保留汉石刻中所示的式样。正脊偶以三角形之火焰与凤凰间杂用之，其数不一，非如近代仅于正脊中央放置宝瓶。见中部第五、第六、第八等洞。

（五）门与拱

门皆方首。中部第五洞（插图28）门上有斗拱、檐

插图28　中部第五洞内门

橡，似模仿木造门罩的结构。

拱门多见于壁龛。计可分两种：圆拱及五边拱（插图29）。圆拱的内周（introdus）多刻作龙形，两龙头在拱开始处。外周（extrodus）作宝珠形。拱面多雕跌坐的佛像。这种拱见于敦煌石窟及印度古石刻，其印度的来源甚为明显。所谓五边拱者，即方门抹去上两角，这种拱也许是中国固有。我国古代未有发券方法以前，有圭门、圭窦之称；依字义解释，圭者尖首之谓，宜如 ⌂ 形，进一步上面加一边而成 ⌂，也是演绎程序中可能的事。在敦煌无这种拱龛，但壁画中所画中国式城门，却是这种形式。至少可以证明云冈的五边拱，不是从西域传来的。后世宋代之城门、元之居庸关都是用这种拱。云冈的五边拱，拱面都分为若干方格，格内多雕飞天；拱下或垂幔帐或悬璎珞，作佛像的边框。间有少数佛龛不用拱门，而用垂幛的（插图30）。

（六）栏杆及踏步

踏步只见于中部第二洞佛迹图内殿宇之前（插图20）。大都一组置于阶基正中，未见两组、三组之例。阶基上的

插图29　拱龛及三层塔

插图30　垂幛龛

栏杆刻作直棂，到踏步处并沿踏步两侧斜下。踏步、栏杆下端没有抱鼓石，与南京栖霞山舍利塔雕刻符合。

中部第五洞有勾片造栏杆（插图24），与日本法隆寺勾栏一致。这种栏杆是六朝、唐、宋间最普通的做法，图画见于敦煌壁画中；在蓟县独乐寺、应县佛宫寺塔上则都有实物留存至今。

（七）藻井

石窟顶部多刻作藻井（插图33、34），这无疑的也是按照当时木构在石上模仿的。藻井多用"支条"分格，但也有不分格的。藻井装饰的母题以飞仙及莲花为主，或单用一种，或两者掺杂并用。龙也有用在藻井上的，但不多见（插图35）。

藻井之分划依室的形状，颇不一律（插图31）。较之后世齐整的方格，趣味丰富得多。斗八之制，亦见于此。

窟顶都是平的，敦煌与天龙山之覆斗⊟状天顶，不见于云冈，是值得注意的。

六、石刻的飞仙

洞内、外壁面与藻井及佛后背光上，多刻有飞仙，作盘翔飞舞的姿势，窈窕活泼，手中或承日、月、宝珠，或持乐器，有如基督教艺术中的安琪儿。飞仙的式样虽然甚多，大约可分两种，一种是着印度湿褶的衣裳而露脚的（插图4），一种是着短裳曳长裙而不露脚，裙末在脚下缠绕后，复张开飘扬的（插图36）。两者相较，前者多肥笨而不自然，后者轻灵飘逸，极能表现出乘风羽化的韵致，尤其是那开展的裙裾及肩臂上所披的飘带，生动有力，迎风飞舞，给人以回翔浮荡的印象。

从要考研飞仙的来源方面来观察它们，则我们不能不先以汉代石

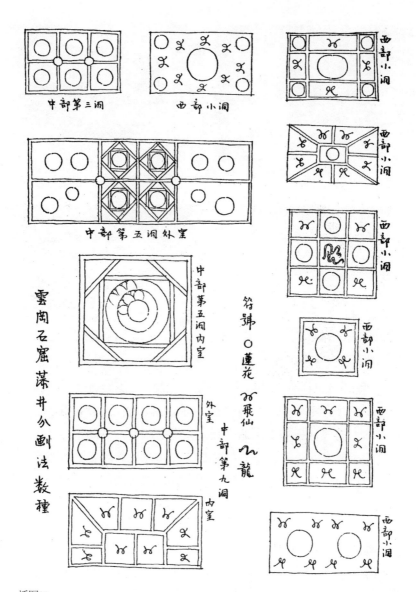

插图31

插图32 西部某小洞藻井（其一）

插图33 西部某小洞藻井（其二）

插图34 西部某小洞藻井（其三）

插图35 中部第八洞龙纹藻井

刻中与飞仙相似的神话人物（插图2），和印度佛教艺术中的飞仙，两相较比着看。结果极明显的，看出云冈的露脚、肥笨作跳跃状的飞仙，是本着印度的飞仙模仿出来的无疑。完全与印度飞仙同一趣味。而那后者，长裙飘逸的，有一些并着两腿，往一边曳着腰身，裙末翘起，颇似人鱼，与汉刻中鱼尾托云的神话人物，则又显然同一根源（插图34）。从这种屈一膝作猛进姿势的，加以更飘散的裙裾，多脱去人鱼形状，更进一步成为最生动灵敏的飞仙，我们疑心它们在云冈飞仙雕刻程序中，必为最后最成熟的作品。

　　天龙山石窟飞仙中之佳丽者，则本着云冈这种长裙飞舞的，但更增富其衣褶，如腰部的散褶及裤带。肩上飘带，在天龙山

插图36　拱面飞仙

的，亦更加曲折回绕，而飞翔姿势，亦愈柔和浪漫。每个飞仙加上衣带彩云，在布置上常有成一圆形图案者（插图37）。

　　曳长裙而不露脚的飞仙，在印度、西域佛教艺术中俱无其例，殆亦可注意之点。且此种飞仙的服装，与唐代陶俑美人甚似，疑是直接写真当代妇女服装。

　　飞仙两臂的伸屈，颇多姿态；手中所持乐器亦颇多种类，计所见有如下各件：

　　鼓，⬠状，以带系于项上，▢腰鼓，笛，笙，琵琶，筝，▢▢（类外国harp）▢但无钹。其他则常有持日、月、宝珠及散花者。

　　总之飞仙的容貌仪态亦如佛像，有带浓重的异国色彩者，有后期表现中国神情美感者。前者身躯肥胖，权衡短促，服装简单，上身几全袒露，下裳则作印度式短裙，缠结于两腿间，粗陋丑俗。后者体态修长，风致娴雅，短衣长裙，衣褶简而有韵，肩带长而回绕，飘忽自如，的确能达到超尘的理想。

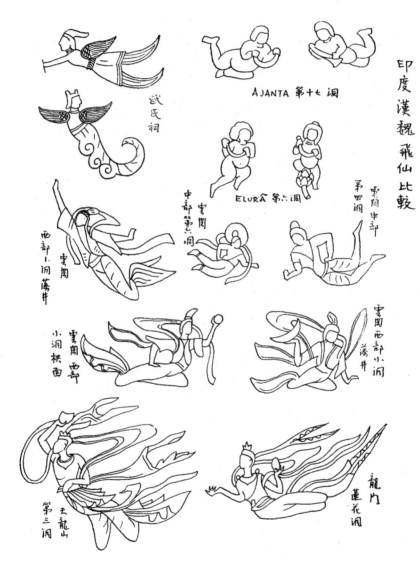

插图37 印度汉魏飞仙比较

七、云冈石刻中装饰花纹及彩色

云冈石刻中的装饰花纹种类奇多，而十之八九为外国传入的母题及表现（插图38、39）。其中所示种种饰纹，全为希腊的来源，经波斯及犍陀罗而输入者，尤其是回折的卷草，根本为西方花样之主干，而不见于中国周、汉各饰纹中。但自此以后，竟成为中国花样之最普通者，虽经若干变化，其主要左、右分枝回旋的原则，仍始终固定不改。

希腊所谓毛茛叶（acanthus）本来颇复杂，云冈所见则比较简单；旧人称为忍冬草，以后中国所有卷草、西番草、西蕃莲者，则全本源于回折的acanthus花纹。

图中所示的"连环纹"，其原则是每一环自成一组，与他组交结处，中间空隙再填入小花样；初望之颇似汉时中国固有的绳纹，但绳纹的原则，与此大不相同。因绳纹多为两根盘结不断；以绳纹复杂交结的本身，作图案母题，不多借力于其他花样。而此种以三叶花为主的连环纹，则多见于波斯、希腊雕饰。

佛教艺术中所最常见的莲瓣，最初无疑根源于希腊水草叶，而又演变而成为莲瓣者。但云冈石刻中所呈示的水草叶，则仍为希腊的本来面目，当是由犍陀罗直接输入的装饰。同时佛座上所见的莲瓣，则当是从中印度随佛教而来的重要宗教装饰，其来历却又起源于希腊水草叶者。中国佛教艺术积渐发达，莲瓣因为带着象征意义，亦更兴盛，种种变化及应用，迭出不穷，而水草叶则几绝无仅有，不再出现了。

其他饰纹如璎珞（beads），花绳（garlands），及束苇（reeds）等均为由犍陀罗传入的希腊装饰无疑。但尖齿形之幕沿装饰，则绝非希腊式样，而与波斯锯齿饰或有关系（插图39）。真正万字纹未见于云冈石刻中，偶有勾片形勾栏，其纹样与希腊万字，却绝不相同。水波纹亦偶

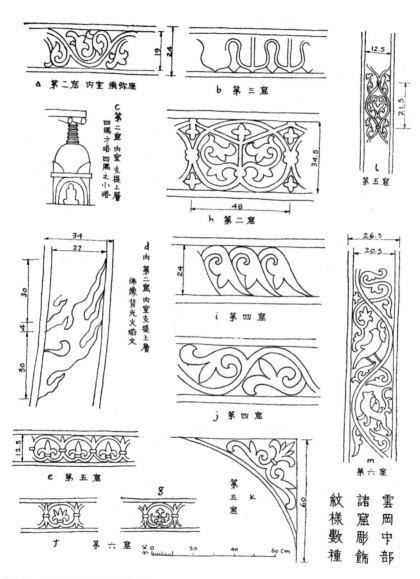

插图38　云冈中部诸窟雕饰纹样数种

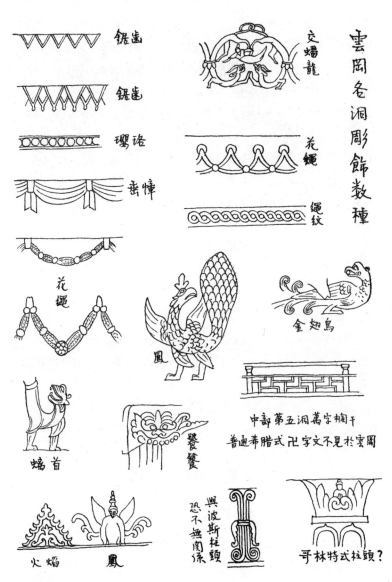

插图39　云冈各洞雕饰数种

见，当为中国固有影响。

以兽形为母题之雕饰，共有龙、凤、金翅鸟（Garuda）、螭首、饕餮、狮子等。除金翅鸟为中印度传入，狮子带着波斯色彩外，其余皆可说是中国本有的式样，但在刻法上略受西域的影响。

汉石刻砖纹及铜器上所表现的中国固有雕纹，种类不多，最主要的如雷纹、斜线纹、斜方格、斜方万字纹、直线或曲线的水波纹、绳纹、锯齿、乳钉、箭头叶、半圆弧纹等。此外则多倚赖以鸟、兽、人为母题的装饰，如青龙、白虎、饕餮、凤凰、朱雀及枝柯交纽的树，成列的人物、车马及打猎时奔跑的犬、鹿、兔、豕，等等。

对汉代或更早的遗物有相当认识者，见到云冈石刻的雕饰，实不能不惊诧北魏时期由外传入崭新花样的数量及势力！盖在花纹方面，西域所传入的式样，实可谓喧宾夺主，从此成为十数世纪以来，中国雕饰的主要渊源。以后唐、宋及后代一切装饰花纹，均无疑义的，无例外的，由此展进演化而成。

色彩方面最难讨论，因石窟中所施彩画，全是经过后世的重修，伧俗得很。外壁悬崖小洞，因其残缺，大概停止修葺较早，所以现时所留色彩痕迹，当是较古的遗制，但恐怕不会是北魏原来面目。佛像多用朱，背光绿地；凸起花纹用红或青或绿。像身有无数小穴，或为后代施色时用以钉布箔以涂丹青的。

八、窟前的附属建筑

论到石窟寺附属殿宇部分，我们得先承认，无论今日的石窟寺木构部分所给予我们的印象为若何；其布置及结构的规模为若何，欲因此而推断千四百余年前初建时的规制，及历后逐渐增辟建造的程序，是件不可能的事。不过距开窟仅四五十年的文献，如《水经注》里边的记载，应当算是我们考据的最可靠材料，不得不先依其文句，细释而检讨点事实，来作参考。

《水经注》漯水条里虽无什么详细的描写，但原文简约清晰，亦非夸大之词。"凿石开山，因岩结构。真容巨壮，世法所希。山堂水殿，烟寺相望。林渊锦镜，缀目新眺。"关于云冈巨构，仅这四句简单的描述而已。这四句中，首、次、末三段句句即是真实情形的简说。至今除却河流干涸，沙床已见外，这描写仍与事实相符，可见其中第三句"山堂水殿，烟寺相望"当也是即景说事。不过这句意义，亦可作两种解说。一个是山和堂，水和殿，烟和寺，各个对望着，照此解释，则无疑的有"堂"、"寺"的建筑存在，且所给的印象，是这些建筑物与自然相照对峙，必有相当壮丽，在云冈全景中，占据着重要的位置。

第二种解说，则是疑心上段"山堂水殿"句，为含着诗意的比喻，称颂自然形势的描写。简单说便是：据山为堂（已是事实），因水为殿的比喻式，描写"山而堂，水而殿"的意思。因为就形势看山崖临水，前面地方颇近迫，如果重视自然方面，则此说倒也逼切写真，但如此则建筑部分已全景毫末；仅剩烟寺相望的"寺"，而这寺到底有多少是木造工程，则又不可得而知了。

《水经注》里这几段文字所以给我们附属木构殿宇的印象，明显的当然是在第三句上，但严格说第一句里的"因岩结构"，却亦负有相当责任的。观现今清建的木构殿阁（插图41），尤其是由侧面看去，实令人感到"因岩结构"描写得恰当真切之至。这"结构"两字，实有不止限于山岩方面，而有注重于木造的意义蕴在里面。

现在云冈的石佛寺木建殿宇（插图41—43），只限于中部第一、第二、第三三大洞前面；山门及关帝庙右第二洞中线上。第一洞、第三洞遂成全寺东、西偏院的两阁，而各有其两厢配殿。因岩之天然形势，东、西两阁的结构、高度、布置均不同。第二洞洞前正殿、高阁共四

插图40 西部第五洞大佛背光装饰

插图41 中部第一、第二、第三各洞外部
木构正面

插图42 中部第二洞外部木构侧面

插图43 中部第三洞外部木构

层，内中留井，周围如廊，沿梯上达于顶层，可平视佛颜。第一洞同
之。第三洞则仅三层（洞中佛像亦较小许多），每层有楼廊通第二洞。
但因二洞、三洞南、北位置之不相同，使楼廊微作曲折，颇增加趣味。
此外则第一洞西，有洞门通崖后，洞上有小廊阁。第二洞后崖，有斗尖亭阁在全寺的最高处。这些木建殿阁、厢庑，依附岩前，左右关联，前后引申，成为一组；绿瓦巍峨，点缀于断崖林木间，遥望颇壮丽，但此寺已是云冈石崖一带现在唯一的木构部分，且完全为清代结构，不见前朝痕迹。近来即此清制楼阁，亦已开始残破，盖断崖前风雨侵凌，固剧于平原各地，木建损毁当亦较速。

关于清以前各时期中云冈木建部分到底若何，在雍正《朔平府志》中记载左云县云冈堡石佛寺古迹一段中，有若干可注意之点。

《府志》称："……规制甚宏，寺原十所：一曰：同升，二曰：灵光，三曰：镇国，四曰：护国，五曰：崇福，六曰：童子，七曰：能仁，八曰：华严，九曰：天宫，十曰：兜率。其中有元载所造石佛二十龛；石窟千孔，佛像万尊。由隋、唐历宋、元，楼阁层凌，树木蓊郁，俨然为一方胜概……"这里的"寺原十所"的寺，因为明言数目，当然不是指洞而讲。"石佛二十龛"亦与现存诸洞数目相符。唯"元载所造"的"元"，令人颇不解。雍正《通志》同样句，却又稍稍不同，而曰："内有元时石佛二十龛。"这两处恐皆为"元魏时"所误。这十寺既不是以洞为单位计算的，则疑是以其他木构殿宇为单位而命名者。且"楼阁层凌，树木蓊郁"，当时木构不止现今所余三座，亦恰如当日树林蓊郁，与今之秃树枯干，荒凉景象，相形之下，不能同日而语了。

所谓"由隋、唐历宋、元"之说，当然只是极普通的述其历代相沿下来的意思。以地理论，大同朔平不属于宋，而是辽、金地盘；但在时间上固无分别。且在雍正修《府志》时，辽、金建筑本可仍然存在的。大同一城之内，辽、金木建至今尚存七八座之多。佛教盛时，如云冈这样重要的宗教中心，亦必有许多建设。所以《府志》中所写的"楼阁层凌"，或许还是辽、金前后的遗建。至少我们由这《府志》里，只知道其山最高处曰：云冈，冈上建飞阁三重，阁前有世祖章皇帝（顺治）御书"西来第一山"五字及康熙三十五年（公元1696年）西征回銮幸寺赐匾额，而未知其他建造工程。而现今存之殿阁，则又为乾、嘉以后的建筑。

在实物方面，可作参考材料的，有如下各点：

一、龙门石窟崖前，并无木建庙宇。

二、天龙山有一部分清代木建，另有一部则有石刻门洞，楣、额、支柱，极为整齐。

三、敦煌石窟前面多有木廊（插图44），见于伯希和《敦煌图录》中。前年关于第一百三十洞前廊的年代问题（插图45），有伯希和先生与思成通信讨论，登载本刊三卷四期，证明其建筑年代为宋太平兴国五年（公元980年）的实物。第一百二十窟A的年代是宋开宝九年（公元976年），较第一百三十洞又早四年。

四、云冈西部诸大洞，石质部分已天然剥削过半，地下沙石填高至佛膝或佛腰，洞前布置之石刻或木建，盖早已湮没不可考。

五、云冈中部第五至第九洞，尚留石刻门洞及支柱的遗痕（插图45），约略可辨当时整齐的布置。这几洞岂是与天龙山石刻门洞同一方法，不借力于木造的规制的。

六、云冈东部第三洞及中部第四洞崖面石上，均见排列的若干栓眼，即凿刻的小方孔（插图46），殆为安置木建上的椽子的位置。察其均整排列及每层距离，当推断其为与木构有关系的证据之一。

七、因云冈悬崖的形势，崖上高原与崖下河流的关系，原上的雨水沿崖而下，佛龛壁面不免频频被水冲毁。崖石崩坏堆积崖下，日久填高，底下原积的残碑断片，反倒受上面沙积的保护，或许有若干仍完整地安眠在地下，甘心作埋没英雄，这理至显，不料我们竟意外地得到一点对于这信心的实证。在我们游览云冈时，正遇中部石佛寺旁边，兴建云冈别墅之盛举，大动土木之后，建筑地上放着初出土的一对石质柱础（插图47），式样奇古，刻法质朴，绝非近代物。不过孤证难成立，云冈岩前建筑问题，唯有等候于将来有程序的科学发掘了。

插图44　敦煌石窟外部木构

插图45　中部第八洞外柱

插图46　东部第三洞崖上椽孔

插图47　云冈别墅建筑时出土莲瓣柱础

九、结论

总观以上各项的观察所及，云冈石刻上所表现的建筑、佛像、飞仙及装饰花纹，给我们以下的结论。

云冈石窟所表现的建筑式样，大部为中国固有的方式，并未受外来多少影响。不但如此，且使外来物同化于中国，塔即其例。印度窣堵坡方式，本大异于中国本来所有的建筑，及来到中国，当时仅在楼阁顶上，占一象征及装饰的部分，成为塔刹。至于希腊古典柱头Doric order等虽然偶见，其实只成装饰上偶然变化的点缀，并无影响可说。唯有印度的圆拱（外周作宝珠形的），还比较的重要，但亦只是建筑部分的形式而已。如中部第八洞门廊大柱底下的高pedestal（插图23），本亦是西欧古典建筑的特征之一。既已传入中土，本可发达传布，影响及于中国柱础。孰知事实并不如是，隋、唐以及后代柱础，均保守石质覆盆等扁圆形式，虽然偶有稍高的筒形如插图47，亦未见多用于后世。后来中国的种种基座，则恐全是由台基及须弥座演化出来的，与此种pedestal并无多少关系。

在结构原则上，云冈石刻中的中国建筑，确是明显表示其应用构架原则的。构架上主要部分，如支柱、阑额、斗拱、椽、瓦檐、脊等，一一均应用如后代；其形式且均为后代同样部分的初型无疑。所以可以证明，在结构根本原则及形式上，中国建筑二千年来保持其独立性，不会被外来影响所动摇。所谓受印度、希腊影响者，实仅限于装饰、雕刻两方面。

佛像雕刻本不是本篇注意所在，故亦不曾详细作比较研究而讨论之。但可就其最浅见的趣味派别及刀法，略为提到。佛像的容貌、衣褶，在云冈一区中，有三种最明显的派别。

第一种是带着浓重的中印度色彩的，比较呆板僵定，刻法呈示在模仿方面的努力。佳者虽勇毅有劲，但缺乏任何韵趣；弱者则颇多伧丑。引人兴趣者，单是其古远的年代，而不是美术的本身。

　　第二种佛容修长，衣褶质实而流畅。弱者质朴庄严；佳者含笑超尘，美有余韵，气魄纯厚，精神栩栩，感人以超人的定，超神的动；艺术之最高成绩，荟萃于一痕一纹之间，任何刀削雕琢，平畅流丽，全不带烟火气。这种创造，纯为汉族本身固有美感趣味，在宗教艺术方面的发展。其精神与汉代密切关连，与中印度佛像反疏隔不同旨趣。

　　飞仙雕刻亦如佛像，有上面所述两大派别：一为模仿，以印度像为模型；一为创造，综合模仿所得经验，与汉族固有趣味及审美倾向，作新的尝试。

　　这两种时期距离并不甚远，可见汉族艺术家并未努力于模仿，而印度、犍陀罗刻像雕纹的影响，只作了汉族艺术家发挥天才的引火线。

　　云冈佛像还有一种，只是东部第三洞三巨像一例。这种佛像雕刻艺术，在精神方面乃大大退步，在技术方面则加增谙熟繁巧，讲求柔和的曲线，圆滑的表面。这倾向是时代的，还是主刻者个人的，却难断定了。

　　装饰花纹在云冈所见，中外杂陈，但是外来者，数量超过原有者甚多。观察后代中国所熟见的装饰花纹，则此种外来的影响势力范围极广。殷、周、秦、汉金石上的花纹，始终不能与之抗衡。

　　云冈石窟乃西域、印度佛教艺术大规模侵入中国的实证。但观其结果，在建筑上并未动摇中国基本结构。在雕刻上只强烈地触动了中国雕刻艺术的新创造，——其精神、气魄、格调根本保持着中国固有的。而最后却在装饰花纹上，输给中国以大量的新题材、新变化、新刻法，散布流传直至今日，的确是个值得注意的现象。

　　注释
　　[1]伊东忠太：《北清建筑调查报告》见《建筑杂志》第一八九号。伊东

忠太：《支那建筑史》。

[2] 陈垣：《山西大同武州山石窟寺记》。

[3] Edouard Chavannes：《Mission archeologique dans la Chine Septentrionale》.

[4] 小野玄妙：《极东之三大艺术》。

（梁思成　林徽因　刘敦桢）

［本文发表于《中国营造学社汇刊》第四卷第三、四期（1934年6月）］

北平护国寺残迹

　　寺旧名崇国寺，在北平西四牌楼北，与妙应、隆福诸寺同以庙市著称。往岁余傺居西城，休沐之暇，偶游此寺，自山门历金刚、天王、延寿、崇寿诸殿，均明、清二代所建，了无足异，唯崇寿之北，有千佛殿残壁，以木骨与土砖合砌，上施阑额至隅柱外垂直截割，颇类辽代遗构。归而稽之志乘，谓寺创于元初，与是殿结构未能符合，疑莫能释。迩来数至寺中，周访遗迹，摩读残碑，徘徊不能自已。因择其与建筑艺术有关者，偕陈明达、劭力工、莫宗江三君测绘摄影，勒为此篇。而寺之沿革与现状，亦摘要著之篇首，以资参证。

略 史

寺之沿革，据《日下旧闻考》引《燕云录》，宋靖康二年（公元1127年），陈过庭使金，自真定遣诣燕山崇国寺安泊。知崇国为金初旧刹，唯金以前无可考矣。金、元之际，寺与悯忠寺同毁于兵，事定后，耶律楚材疏请僧善选住持悯忠，寻之崇国。见顺帝至正二十四年（公元1364年）危素所撰《隆安选公传戒碑》[6]。但其后善选之徒定演另营寺大都，位于金城东北，称崇国北寺，所以别于旧寺也。北寺起源，据元仁宗皇庆元年（公元1312年）赵孟頫所撰《佛性圆融崇教大师演公碑》，及顺帝至正十一年（公元1351年）《大都崇国寺重新修建碑》，僧定演者，燕三河人，七岁入崇国寺，事善选为师，嗣游五台，还主上方寺，博观海藏，兼习毗尼，适崇国虚席，迎为住持，以讲《华严》受知世祖，赐号"佛性圆融崇教大师"。至元二十一年（公元1284年）前后，别赐地大都，与门人叶力兴建，成大殿、经阁、丈室、廊、庑、斋、厨、僧舍百有余楹，是为此寺之滥觞[2，4]。但皇庆碑称世祖赐地，事在至元二十四年（公元1287年），至正碑则属之二十二年。此外千佛殿内，尚有至元二十一年（公元1284年）碑，载是年二月，大都路僧录司，札付蓟州遵化县般若院庄田、水碾，归崇国北寺掌管[1]，北寺之名首见于此，视至正碑所载尤早一岁。岂其时颁赐频繁，挟刹之数，自般若院以次无虑二十余所[5]，碑文各据一部言之，致未获一致欤？嗣仁宗皇庆、延祐间（公元1312—1320年），前后赐钞三千余锭，增建山门[4]。延祐二年（公元1315年），中书省参政速安及子曲迷夫不花于千佛殿后施建舍利塔[3]。顺帝至正五年（公元1345年），僧智学等又重修法堂、云堂及祖师、伽蓝二堂，与厨库、僧房、侍者僦房五十余间。复新建钟楼、法堂东廊庑、南方丈等30余间，历时六载始告厥成[4]。元代建置可考者约略如此。至于千佛殿内旧藏塑像二尊，传为元丞相脱脱夫妻，寺亦其舍宅所建。振生君《城西访古记》已辨其妄[7]，兹不复赘。

明代史迹，据现存天顺、成化、正德诸碑，明成祖永乐三年（公元1405年）有西僧桑渴已辣者中天竺人，随贡使梯航至南京。永乐十四年（公元1416年）敕移此寺，授内监番语[9]。宣宗宣德间因旧更新[10]，四年（公元1429年）赐名大隆善寺[8]。英宗正统元年（公元1436年）太监阮文等复兴修后殿、山门、廊房、方丈；四年（公元1439年）改称崇恩寺[9]。天顺间（公元1457—1464年）寺一部倾颓[10]。宪宗成化七年（公元1471年）命太监黄顺、工部侍郎蒯祥等大事兴筑，翌年工竣，授工匠张定住30人为文思院副使。事具成化八年（公元1472年）碑[10, 11, 12]及《宪宗实录》[13]。其时寺名复称隆善，其下更缀以"护国"二字，护国之名盖起于此。唯成化十七年（公元1481年）碑，谓"昔为如提煨烬"，又似火灾事予以修治者也[14]。武宗正德七年（公元1512年），敕西番大庆法王凌戬巴勒丹与大觉法王札什藏布居此寺[15]。嘉靖九年（公元1530年），尚书李时等先后请撤少师姚广孝太庙祀典，移其神主、画像于大兴隆寺。十四年寺灾，复移此[16]。今寺后护法殿犹存传云之广孝木像与侍像二躯，唯画像于乾隆时已无可考[17]。世俗不察，谓寺为广孝影堂，亦误。

清康熙六十一年（公元1722年），蒙古王公贝勒修缮此寺为圣祖祝厘，见御制《崇国寺碑》[18]。其后乾隆十二年（公元1747年），高宗行幸此寺，曾赋诗纪事[19]，但未闻修葺。此外，寺中炉、磬、云板之题记，有康熙二十二年（公元1683年）、道光二十七年（公元1847年）、同治五年（公元1866年）数种。然清代修理记录见于碑碣者，唯康熙一度而已。今每月逢七、八日有庙市，自山门内夹道支棚为摊，百货杂陈，游人辐凑，至不能驻步。然记载所示，明季内城庙市只城隍庙一处而已。入清以后，东城隆福寺虽传为明代灯市之遗，而此寺庙市独无可

考。仅据《日下旧闻考》，知乾隆时已有之
矣[20]。

综上所述，此寺自定演创建以来，迄今
650余年，经元皇庆、延祐、至正，及明宣
德、正统、成化，与清康熙数度增修，蔚为
巨刹。然考元代诸碑，其时主要建筑，仅大
殿、经阁、钟楼、山门、舍利塔、法堂、云
堂，及伽蓝、祖师二堂，似较现寺规模（插
图1）不逮远甚。又以遗物推之，明以前者
唯存千佛殿残壁，与舍利塔及元碑数通，皆
萃聚于殿之前、后。其余北部护法、功课二
殿，与南部崇寿、延寿、天王、金刚诸殿，
及钟、鼓二楼、廊庑、杂屋，依式样判断，
咸属明、清二代所建，而主要建筑属于明代
者尤多，则现寺规模，决为明宣德、成化间
增扩无疑矣。

现 状

寺最外山门三间，单檐歇山，题"大隆
善护国寺"，左、右垣辟旁门各一。门内广
场中央，有康熙末铁制香炉一具。两侧旧有
幡竿今俱毁，唯余夹杆石。

第二层金刚殿五间（图版1［甲］），内
置金刚二，似为明塑。殿正面门、窗皆壸门
式，壁面装障日板。外侧之梁、枋在梢间及

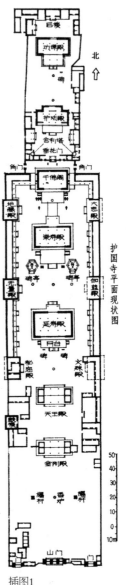

插图1

山面大额枋下者，复施小额枋一层，与殿门同一制度。殿左、右夹以短墙，设东、西旁门。门内钟楼全圮，仅存鼓楼。附近旧应有东、西廊房分列两侧，今悉改筑若杂院矣（插图1）。

第三层天王殿（图版1［乙］）祀四天王，抟塑之术较前述金刚尤劣。殿东西五间，中央三间于额枋下施雀替，无小额枋及槅扇，仍系门制。现屋顶大部颓毁，据梁架结构及残存天花、彩画、雀替（图版2［乙］）观之，殆明代所建。殿后旧有配殿，东曰文殊，西曰秘密；唯前者现已无存，后者亦依旧址改修，仅能辨其大概位置而已。

第四层延寿殿，前为月台，台下列二碑，东碑题明正德七年（公元1512年）建，西碑镌藏文；再前置铁香炉一具。殿本身面阔五间，进深显四间，后附抱厦一间。现殿顶已失（图版2［甲］），自外窥之，内部塑像倾圮略尽，壁画亦仅存西壁一部，俱非佳作。就斗拱结构及霸王拳式样，与裙板所雕三幅云推测，决为明代遗构（图版2［丙］）。又后抱厦之制，证以隆福、智化、碧云诸寺，与此寺崇寿、护法二殿，无不如是，殆为明代佛殿平面之一特征。殿东、西二侧各有廊房十一间，前接文殊、秘密二殿，后与伽蓝、无量二殿相通，自此向后，经大悲、地藏二殿，折至千佛殿两侧，包中央诸殿于内（插图1）。核之卧佛、隆福二寺，配列之法，亦皆符合。又据元虞集《东岳仁圣宫碑》：

"作大殿，作大门……明年作东、西庑。东、西庑之间，特起如殿者四，以奉其佐神之尊贵者。"

知明代北平诸寺，于大殿左、右，配列廊房与东、西配殿，互相衔接，实袭元代旧法，而元寺又胎息于唐、宋廊院之制，无可疑也。现伽蓝、大悲二殿遗址仅存，唯西侧无量、地藏二殿距新修未久，尚完整（图版3［甲］）。

第五层崇寿殿，前庭置铁鼎一，次井二，次六角碑亭二，分列左、右（插图1）。东亭内藏明成化八年（公元1472年）御制《大隆善护国

图版1［甲］　护国寺金刚殿

图版2［乙］　天王殿雀替

图版1［乙］　天王殿

图版2［甲］　延寿殿

图版2［丙］　延寿殿槅扇裙板

寺碑记》，石面漶漫，存字无几。唯西亭康熙六十一年（公元1772年）碑，镌满、汉、蒙古、藏四体文字，犹清晰可辨。月台前复有成化八年碑二（图版3），形制奇特，另详下文。台前及殿后各有陛石，所雕卷云纯属明人手法（图版5［甲］）。台上崇寿殿（图版4［乙］）面阔五间，进深九檩，后附抱厦一间。此殿之顶亦摧夷过半，前后、门窗现以短垣封塞，未能入内。据檐端斗拱观之，其柱头科所用单翘重昂宽度均各相等（图版5［乙］），而平身科蚂蚱头向后挑出压于檩下，如智化寺万佛阁之状，确为明中叶通行之方法。

　　第六层千佛殿，前构月台，再前为甬道，与崇寿殿后抱厦衔接。月

图版3［甲］　明成化八年碑

图版3［乙］　详部（其一）

图版3［丙］　详部（其二）

图版4［甲］　无量殿及廊房

图版4［乙］　崇寿殿

图版5［甲］　崇寿殿北面石陛

图版5［乙］　崇寿殿斗拱

图版5［丙］　崇寿殿菱花槅

台东侧三碑。前碑无字。后二碑（图版6［甲］）居东者，为元皇庆元年（公元1312年）《演公碑》，赵孟頫撰书，石质坚密，保存甚佳。西为至正二十四年（公元1364年）危素撰书《选公碑》，下部裂为三段，现以铁锭络之。月台两侧复有四碑。前碑亦无字。后三碑居东者，为至正二十一年（公元1361年）《大都崇国寺重新修建碑》（图版6［乙］）。中碑至正十四年（公元1354年）立，内杂蒙语白话，为历来治元代通俗文字者所重视。碑之背面刻南、北二寺庄田资产[5]，除大都外，有香河、宝坻、永清、平谷、三河、遵化诸县及顺州、邢州、檀州、通州、蓟州、杭州等处寺产，足窥当时此寺之盛状。西碑明英宗天顺二年（公元1458年）立。

　　千佛殿俗称土坯殿，为寺内最古建筑，惜阑额以上部分现已毁坏，

图版6［甲］　元皇庆元年及至正二十四年碑　　图版6［乙］　元至正二十一年碑碑首

只剩残壁一周，矗立风雨中，极为惋惜（图版8）。殿内西次间存元世祖至元二十一年（公元1284年）碑一通（图版11［甲］），刻僧录司札付般若院地产执照，亦杂以蒙古白话。背面则镌地产四至，颇称详尽[1]。其余壁内木骨结构与柱础、月台角石等，另于下节论述。

殿之东、西两侧，利用廊屋为走道，绕至殿后，复有东西向横道，两端各辟一门通至寺外（插图1）。道中央三门南向，中为垂花门（图版12［甲］），乃寺之第七层。其前列石狻猊，依式样判之至迟亦为明物（图版11［乙］）。门内东、西二塔皆喇嘛教式（图版13），外部绕以短垣，似为后代增筑者。

第八层护法殿，据《帝京景物略》，殆即明之景命殿[21]？殿前东、西配殿各三间。月台西侧一碑，文字大部磨灭，据铭刻知为明嘉靖二十二年（公元1543年）立。殿面阔五间，单檐硬山顶，前辟走廊（图版14［甲］），后附抱厦三间，其屋顶一部业已残破。内部在东、西第二缝各构板壁，约厚5厘米，壁面施麻灰，绘曼荼罗，疑出明人手笔（图版14［乙］）。其梁、枋彩画枋心以红色为地，饰锦文，而两端旋子构图，亦与近世稍异，极类明末清初所绘。东梢间内藏姚广孝木像①（图版15［乙］）与胁侍二尊，在明、清造像中尚非下乘。唯广孝影堂与僧录司原在大兴隆寺，嘉靖中寺灾，移于此寺之后，而影堂位于司右[16]，像应庋藏于是，不知何时颓废迁于此殿也。

抱厦北有石座二。后座置石量器形如碗，未审何名。次铁炉一，题道光二十七年（公元1847年）铸。其后稍东，有一碑镌藏文。再次功课殿五间（图版15［甲］），为寺之第九层。殿前抱厦三间，三面辟门、窗，与殿本身均施悬山顶。内祀无量寿佛，有康熙"宝莲法地"匾额，严整如新。殿前东侧有杂屋数椽，颓败不堪。西侧则久夷为平地矣。

---

①　整理者注：今人有证之为班丹扎释像。见《文物》1979年第7期第82页。

图版11［甲］　千佛殿元至元二十一年碑

图版11［乙］　垂花门前石兽

图版12［甲］　垂花门

图版12［乙］　垂花门详部

图版13〔甲〕 西舍利塔　　　　　　图版13〔乙〕 东舍利塔

图版14〔甲〕 护法殿　　　　　　图版14〔乙〕 护法殿壁画

图版15［甲］　功课殿

图版15［乙］　护法殿姚广孝像

图版15［丙］　自在观音像

第十层为后楼三间，下层明间有喇嘛塔一基，涂白垩，俗传帕布喇嘛之塔，未知确否？西次间置铜质观音像一尊（图版15［丙］），无年代铭刻，传出自土中。像高1.66米，曲右足支右手膝上，尚存宋塑旧型。其肩上绦带纠缠，亦如其他元代造像。唯两臂僵直毫无生气，且左膝以下过于臃肿，与右腿凹曲，皆极不合理。证以下部衣带卷结形状，与明正德间所塑北平延福寺诸像一致，或为元末明初作品，未可知也。楼之左、右，尚存台石一部，与西侧楼房连属，疑旧为转角楼房，年久倾圮仅余西侧一部，而中央三间则为最近重建者也。

寺之现状，论者每以垂花门以北，堂殿三重自成一廓，遂谓寺为二寺合并而成。然余考此寺遗物属于明以前者，如千佛殿与舍利塔，皆分布于垂花门与横道南、北（插图1），则此部在元代决非二寺，无异明如观火。且门两胁之墙距舍利塔甚近，苟为元至元、延祐间旧状，讵至局促若是？此可依平面配置，决为后代增建者也。意者，寺之前部，自山门至千佛殿为全寺主体。而垂花门以北，乃附属堂殿，若方丈、僧房、僧录司之属，其体制较卑，故于殿后以横道区隔南北。又于道之两端各辟一门，俾内外交通无虞混乱也。

以上系寺之大概情状。再次就遗迹中比较重要者，另条叙述如后。

千佛殿

殿旧题："三仙千佛之殿"，见《日下旧闻考》引《炙砚录》，千佛盖其简称也。殿前月台置铁炉一，下部已毁。台东南、西南二隅复有角石各一，雕琢甚美。东南者，刻三狮一球（图版7［甲、乙］），西南唯二狮，皆剔地起突，与《营造法式》所图吻合。又角石方67厘米，高29厘米，亦与《法式》规定："每方一尺，厚四寸"略合。案角石之制，今定县、曲阳一带，尚处可以发现，唯曲阳为元以来石工极盛之

图版7〔甲〕　千佛殿月台角石（其一）　　　图版7〔乙〕　千佛殿月台角石（其二）

地，旧法传流，不足为异。若北平明、清建筑，则此制稀如星凤，故疑为元代遗物也。

　　殿面阔五间，进深显三间，面阔、进深约为五与二之比（插图2）。内部之柱因为泥土封积，仅发现西第二缝前内柱柱础一处。以意度之，殿之进深当超过11米以上，在结构上各缝必有内柱，极为明显。但其前、后内柱是否对称，无由悬拟，故图中未为一一增入也。柱础覆盆上所雕压地隐起华文已大部磨灭，仅西北隅一石保存稍佳（图版11）。观其雕刻手法，与元成宗大德十年（公元1309年）河北安平县圣姑庙大体符合[22]，疑其年代亦约略相同。

　　殿之大木结构，自阑额以上摧毁无余。今所知者，唯柱与阑额而已。柱径46厘米，至顶，略有卷杀，但非梭柱。径与柱高约为一与十之比。

　　阑额断面狭而高，其宽与高约为一比二·二。然最足注意者，无如额之前端，伸出隅柱外且垂直截去一事（图版9〔甲〕）。案此法发现于山西、河北二省北部者，皆辽代遗物，整然自成一系统[23]，其余金、元遗构，若大同善化寺三圣殿与山门、正定阳和楼、安平圣姑庙、定兴慈云阁、曲阳北岳庙，皆非此式，足为此殿建筑年代有力之佐证。

　　此殿屋顶虽已崩塌，但民国初年，寺中尚保存角神一具，振生君

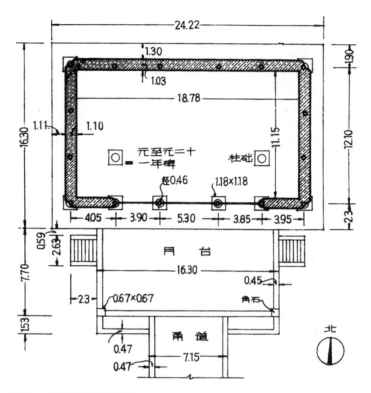

插图2　护国寺千佛殿平面图

《城西访古记》曾著其事：

"此寺建时，穷极工巧，窗棂之纹，瓦当之式，均无同者。如前殿之顶，与此殿之硬朗汉，皆匠人炫巧处。凡寺宇殿外檐角，例以一木瓶承之；独此殿外东南角，作一木偶，为壮士形，骑马式，两手叉腰，以负檐角，俗呼为'硬朗汉'。殿圮堕地，今尚收存。"[24]

振生君此文所记，系根据寺中喇嘛王星垣所云，其事宜可征信。今以实物证之，河北省易县开元寺毗卢殿建于辽末天祚帝乾统五年（公元

图版8［甲］　千佛殿正面

图版8［乙］　千佛殿背面

1105年），其外檐东南角，有角神跪于平盘斗上，见拙著《河北省西部古建筑调查纪略》。而《中国营造学社汇刊》第五卷第四期，梁思成、林徽因二先生论述之北平天宁寺塔，在角梁下亦有同样结构，均与《营造法式》所载符合；可为建筑年代之又一证明。惜王君物故多时，询诸寺中喇嘛，无知此像者，殆遗失久矣。

殿之平面，除正面当心、次三间装槅扇外，正面梢间及其余三面皆以墙壁包围。墙之结构，下为砖砌之群肩，高80厘米，唯厚度则略有区别。即南檐墙厚96厘米；北檐墙厚1.03米；东、西山墙增至1.11米。此种山墙增厚之法，曾见于大同善化寺山门；而群肩上施木骨一层，其上再以木骨与土砖合砌，亦复相同。但此殿木

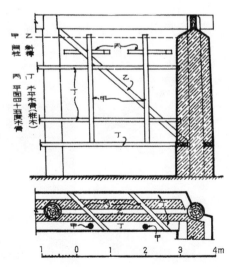

插图3　护国寺千佛殿山墙木骨

骨配列之法，依墙身厚薄，又分为二种。

（一）两侧山墙（图版9［乙］）与后檐墙，由四种木骨组合而成（插图3）。最外侧者，在群肩上用水平木骨数层，厚6厘米，宽12厘米，装于墙之外侧，殆即《营造法式》所云之纤木？次为斜撑，支于两柱间。再次为贯通内、外之木骨，在平面上与墙面略成四十五度之角度。此外尚有间柱支于阑额内侧。最后，复于墙之内侧施纤木数层，与外侧同。

（二）正面檐墙，在西梢间者保存完整，唯东梢间之墙（图版9［甲］）外部业已剥落，是否群肩上亦有水平木骨数层，无由查验。据现状言，墙内仅有贯通内、外之木骨，无斜撑与间柱（插图4），其故莫辨。又此项木骨，在平面上各层互相参错，但方向相反，极堪注目。

按我国砖墙进展之顺序，由板筑进为日光干燥之土砖，再改为纯粹陶制之砖墙，其事殆无可疑。唯国内幅员广阔，造墙之法依地理、气候不一其式：如河北、山西二省北部，以产硝盐著称，苟为板筑与土砖之墙，不足阻碱质之上升，而纯粹砖墙，又非一般物力所能措办。故民间建筑，每于群肩上施木骨或稻草一层，其上再构土砖、板筑或空斗砖

图版9［甲］　千佛殿前檐墙　　图版9［乙］　千佛殿山墙

墙。此三者内，土砖与板筑之墙，无论对于垂直、水平或其他任何外力，均甚孱弱。故垒砌土砖时，每辅以木骨，俾增其强度。据中国营造学社调查之古建筑证之，此式实为辽、金、元以来通行之方法[25]。第大同诸例所示，仅能窥其表面。而此殿因残败之故，反足知其内部情况，亦治斯学者引为深幸者也。

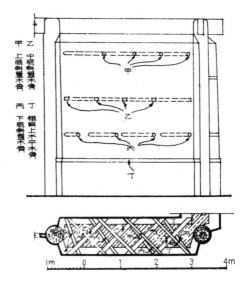

插图4　护国寺千佛殿前檐墙木骨

　　墙内侧旧有壁龛，安设无数小佛像，故有千佛殿之名。今龛佛虽亡，而墙之表面，犹有纵横木板痕迹，及浅绿色之背光，依稀可辨（图版10［甲］）。

　　殿之年代，在文献上无确定记录，仅据元皇庆、至正诸碑，知定演所营之寺，有大殿、经阁、丈室、廊庑，百有余楹而已。然以千佛殿式

图版10［甲］　千佛殿壁龛残迹

图版10［乙］　千佛殿柱础

样衡之，决非经阁及丈室，亦非延祐后增建之山门、钟楼及其他附属建筑。以愚意揣度，舍大殿外，殆难其选。唯可疑者，大殿建于元世祖至元间，而此殿阑额纯属辽式，无由吻合。岂定演营者之前，其地原有一寺，此殿乃旧寺所遗？抑其时大木架构系利用辽代旧物，自他处移此，而仅柱础、墙壁等为定演所构耶？此二说中，前说与皇庆碑"化块砾为宝坊，幻蒿莱为金界"[2]抵触不合，似难成立。唯后说在建筑上数见不鲜，且不悖文献与遗物所示之佐证，疑与事实较为接近。

舍利塔

垂花门北，有砖砌喇嘛塔二，分峙东、西（图版13）。西塔上部于十三天下，正面施石额，署"舍利塔"三字。东塔无题记，世俗因之，遂呼为配塔。1931年夏，北平研究院史学研究会发现东塔北墙下，有元延祐二年（公元1315年）碑，题通奉大夫湖广等处行中书省参政速安及子中奉大夫曲迷夫不花建塔缘由，有"愿以一塔入八万四千塔，一切塔入此一塔"等语[3]，与是塔蕴藏无数小塔之事实，适相符应。则东塔固为速安父子所建，略无疑义。且《帝京景物略》谓寺有舍利塔二[21]，足证明时无配塔之称，世俗谰言，不足信也。

就形体言，二塔俱分上、中、下三部（插图5、6）。下部为台座；中部为塔肚（即覆钵或宝瓶）；上为塔脖子及十三天、宝珠等。其结构详状如次。

西塔（插图5）台座，在平面上系圆形。最下为地栿。栿上重叠须弥座二组，每组皆由下枋、下枭、下线脚、束腰、上线脚、上枭、上枋七层构成。所异者下组束腰较高，且施间柱，为上组所无。

中部于台座上，施水平线脚二道。次为莲瓣。再次，用线脚与联珠各二层，互相间隔，而下层者较巨，殆即清式金刚圈之权舆？再上为塔

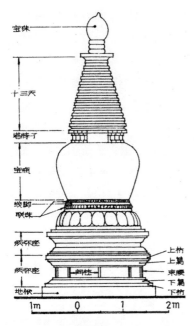

插图5　护国寺西舍利塔

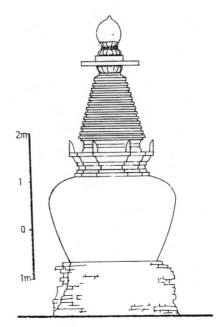

插图6　护国寺东舍利塔

肚，其高较直径约杀三分之一，当系覆钵之变体。清代匠工呼为宝瓶，距原意远矣。

　　上部直接位于塔肚上者，为塔脖子，外观略如须弥座，但无上枭、下枭。在平面上，此部系十字折角形，每角向内递收二折，疑即清康熙三十年（公元1691年）《重修北海白塔册》中所称之"四出轩"。其上十三天与相轮同一性质。再上施圆盘形宝盖与小圆盘三，至顶则冠以宝珠。

　　东塔式样与西塔大体一致，唯塔之比例较为肥硕耳（插图6）。数载前，其台座及塔肚下之莲瓣俱崩毁，故塔之下部无由窥其原状。就上部观之，其塔脖子在平面上，仅向内收进一折；而上线脚之上，复增上枭一层，比例均视西塔粗健。又上枋两端所施装饰，即《营造法式》佛道帐之山华蕉叶用于转角处者[26]，其式又见于甘肃敦煌莫高窟第117窟壁画、山西大同云冈石窟中部第2窟支提四隅之小塔[27]，与山东历城神通寺四门塔等。而其轮廓尤与希腊殿堂上Acroterion极相类似，故疑由希腊经波斯、犍陀罗，于南北朝时，传入我国，后受固有艺术之陶冶，其细部花纹渐趋华化也。塔脖子上，施线脚四层。上为十三天。再上为石制仰莲及宝盖与小圆盘一层。盘上雕仰、覆莲瓣，中列联珠，最上为宝顶，亦石质。

东、西二塔之式样，如前所述，虽大体一致，而东塔比例较为雄健，是否此二塔成于同时或同一匠工之手，殊令人怀疑。然延祐二年碑，未言所建之塔，为一为二，则此事决难以臆测定之。无已，唯有求诸塔之式样。

按我国此类之塔，分布于河北、山西、热河、辽宁诸省者，实较他处为多：如元世祖至元八年（公元1271年）所建之北平妙应寺塔（图版16［甲］），及明万历七年（公元1579年）五台山塔院寺塔（图版16［乙］），清崇德二年（公元1637年）沈阳延寿、广慈、永光、法轮诸寺之塔（图版16［丙］），与顺治八年（公元1651年）北平北海永安寺塔，皆其最著者也。以上诸塔之外观，大抵与时代互为推移，而距元愈远者，其差违亦愈甚；至清乾隆间西黄寺班禅喇嘛清净化成塔，旧法所存，盖无几矣。兹择元、明二代及清初之例，依结

图版16［甲］ 北平妙应寺塔

图版16［乙］　五台山塔院寺塔　　　　图版16［丙］　沈阳延寿寺塔

构顺序，自下而上，比较如次。

一、台座　元代喇嘛塔台座，不论平面为圆形，抑十字折角形，俱以须弥座二层构成。明以后此部比例渐高，但五台山塔院寺塔，尚为二层。清初则多数改为一层，其下另以阶台一层或二层承之。

二、莲瓣　台座之上，元塔概施莲瓣一层，其上为小线脚数层，或线脚内夹以联珠。明塔尚偶用之。清初受蒙古喇嘛塔之影响，改为比例粗巨之金刚圈三层，无莲瓣。

三、塔肚　元、明塔肚之比例较肥矮。其正面亦无眼光门及佛像。

四、塔脖子　清以前者面阔较大。入清后，其面阔较十三天之下径尤小。

五、十三天　元、明比例均较肥硕。至清此部特别缩小，几如铎柄形状。

六、宝盖　元代小塔用石，大塔用铜盘，垂流苏、铃铎，自成一式。明五台山塔犹如是。清初易为天盘、地盘二层。

七、塔顶　今所知者，元、明用宝珠与小铜塔二种，清初改为日、月、火焰。

今以此寺二塔与上述诸例对较，则东塔形体最与妙应寺白塔类似，而元延祐二年碑，复植于塔侧，其为速安父子所营，殆无可疑。唯西塔比例较高瘦，其细部结构亦较轻快，似其年代较之东塔稍晚？唯文献上毫无证据，仍难决定。仅据《帝京景物略》知明时寺有舍利塔二基，其落成时期，至迟亦在明中叶以前也。

此外应附带叙述者，即东塔于1932年春、夏之间，下部崩塌，发现塔内藏有无数小塔（插图7）。其大小，据著者所见，大抵高5厘米，径4厘米者居多[①]。塔作深褐色，内杂石灰少许，未经窑火，中藏藏经一条，以桑皮纸书之。塔下部作不规则之圆形，上缘稍突出，周围雕壸门式花纹。其上缘施俯莲与联珠各一列。再上塔身用圆锥体或方锥体，殊不一律，然表面均刻水平线四五层，逐渐收进若梯级形状，极类印度婆罗门教之塔。又表面浮刻梯级式小塔附于塔身，至巅，置馒首形宝顶

---

① 作者识语：《大唐西域记》卷九·摩揭陀国下："……近有邬波索迦阇邪犀那者（唐言胜军），西印度刹帝利种也。志尚夷简，情悦山林，迹居幻境，心游真际，内外典籍，穷究幽微，词论清高，仪范闲雅。诸沙门、婆罗门、外道异学、国王、大臣、长者、豪右，相趣通遇，伏膺请益，受业门人，十室而六。年渐七十，耽读不倦，余艺捐废，唯习佛经，策励身心，不舍昼夜。印度之法，香末为泥，作小窣堵坡，高五六寸，书写经文，以置其中，谓之'法舍利'也。数渐盈积，建大窣堵坡总聚于内，常修供养。故胜军之为业也，口则宣说妙法，导诱学人，手乃作窣堵坡，式崇胜福，夜又经行礼诵，宴坐思惟，寝食不遑，昼夜无怠。年百岁后，志业不衰，三十年间，凡作七拘胝（唐言亿）'法舍利'窣堵坡，每满一拘胝，建大窣堵坡而总置中，盛修供养，请诸僧众法会称庆。其时，神光烛曜，灵异昭著，自兹厥后，时放光明。"故此寺小塔即印度之法舍利，其导源可推至7世纪初期玄奘留学印度时，或在其更前。

一九三七年三月　士能补记

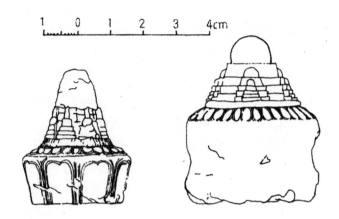

插图7　护国寺东舍利塔中所藏小塔

（插图7）。据文献及近日发现之证物，此类小塔，可自辽与西夏，经 Kharakhoto，Khadalik，追溯至公元9世纪印度遗物。唯所涉范围过于广泛，当于《古建筑调查报告》专刊内，与喇嘛塔流传中国之经过及其式样之变迁，另为文论之。

透龙碑

　　碑额题"大元重修崇国寺碑"，在千佛殿月台西侧，建于元顺帝至正十一年（公元1351年），在元碑中时代较晚，然碑首透雕异于常制，俗有透龙碑之称（图版6［乙］）。此外，其宝珠、火焰等局部手法，均足代表元人碑碣之特征，故为介绍如次。

　　考汉代碑碣形状，有圭首与圆首二种。圆首者，沿外缘雕圆线纠结，称为"晕"（图版17［甲］）。晕者，卷积之谓，后世碑首盘龙，即自此演变而成。据今日所知，东汉熹平六年（公元177年）费凤碑于晕之两端琢龙首下垂，为碑首用龙最早之例。其后复有建安（公元196—

220年）间樊敏、高颐二碑[29]，及晋永康元年（公元300年）张朗碑（图版17［乙］），唯其时晕身仍如常状。洎北魏神龟二年（公元519年）兖州贾使君碑乃易为龙形（图版17［丙］），故盘龙之制，至六朝始正式成立，殆可征言。顾梁普通三年（公元522年）始兴王萧憺碑（图版17［丁］），虽时代稍后，而晕身尚交结若绳状，足征其时江左犹为过渡时期。其后历北齐、北周，体制渐备（图版18［甲］）。降至初唐，蔚为巨观。如《大唐三藏圣教序碑》、《大智禅师碑》（图版18［乙］），及少林寺《太宗御书碑》，皆雄健瑰丽，几跻完美之域，可谓前无古人矣。宋、辽以后旧型仅存，而细部手法渐趋衰落，至元末其流弊尤甚，本文所述，即其一例。

自唐以来，碑首外镌盘龙，内为圭首形之题额，几成一般通则。唯宋、辽以后，碑首比例，高低、广狭不得其当，致影响碑身全体之比例（图版19［甲］）。元末诸例，碑首每过于高瘦，于是内部题额处，亦随之呈细长形状，实为最大特点（图版6）。所镌龙之形体，与唐代诸碑异者，亦有数端。

一、自宋、金迄于元初，龙身视唐稍为瘦削，然无元末诸碑之甚。且自辽以来，龙身愈小，其蟠结纠缠之状，亦愈趋复杂（图版6［甲、乙］、19［甲］），唐碑雄伟气概，至此丧失殆尽矣。至于此碑龙身透雕，徒呈技巧，无关宏旨。

二、龙之前足于旧制旁题额直下，与全身呼应，最为生动动目（图版18）。而足之形状以愈劲者愈佳。元初之碑如正定《重修大龙兴寺功德碑》，犹保存旧形。此碑则前足过短，且为尾所掩蔽，致全体姿势陷于板滞（图版6［乙］）。

三、龙之后足合捧宝珠，始见于北齐天保八年（公元557年）《碑楼寺碑》（图版18［甲］）。唐代偶代以佛像，然用宝珠、火焰者最多。辽、宋以来，大都因袭其制。洎元北平、沈阳诸碑，其火焰未附于宝珠

图版17［甲］　曲阜孔庙汉孔彪碑

图版17［乙］　晋张朗碑

图版17［丙］　山东滋阳县北魏贾使君碑

图版17［丁］　南京梁始兴忠武王萧憺碑

图版18［甲］ 河南登封县碑楼寺北齐碑　图版18［乙］ 西安碑林唐大智禅师碑

周围，而在其上部；且火焰特别肥大，不与宝珠调和，最不足取，此碑其明证也（图版6［甲、乙］）。

明成化年碑

碑植于延寿殿月台前，东、西各一。下无龟趺，代以长方形之台，台下琢圭角承之。台面雕毯文下垂（图版3［甲］），如北平普通狮座情状。其上左、右各刻一狮，中为须弥座（图版3［乙］、［丙］），座之圭角与清代习见者稍异。座上复有二狮，承托碑身，为碑碣中罕睹之例。

碑首轮廓，上、左、右三面俱用直线，至转角处用弧线连接之（图版3［甲］）。其详细手法，先随轮廓刻边框一道；内为二龙昂首相向，

图版19〔甲〕　河北昌平县大觉寺金碑

图版19〔乙〕　南京明孝陵圣德神功碑

图版19〔丙〕　山东曲阜孔陵孔子墓碑

中置宝珠，龙尾上翘，绕至珠上；而珠下题额改为长方形，视明以前者大相径庭。又其龙、云雕刻浅而且平，亦为明代石刻之特征。

按明代碑首轮廓，如南京孝陵《圣德神功碑》，虽与此碑一致，但其时尚无边框，且龙首下垂，拊于碑侧，犹未尽忘旧时矩规，可为过渡时代之例（图版19〔乙〕）。迨昌平长陵碑，始于边框内配置双龙，于是北齐以来流传900余年之式样，至此发生极大变动。其后景、献诸陵及曲阜孔庙、孔陵诸碑（图版19〔丙〕）因袭相承，煽为风尚。遂至内部构图为边框所拘束，陷于千篇一律。而描线纤弱，与雕刻手法之庸俗，方诸元碑堕落程度，殆无轩轾之别焉。

垂花门

千佛殿后，有单间垂花门一座，结构简洁洗练，与北平常见者稍异（图版12［甲］）。此门在平面上，前部二中柱与两侧界墙之中线一致；其后复有后檐柱二，承载后部屋顶。依现存梁架观之，似其屋顶，前为清水脊，后为抱厦，即清式之勾连搭垂花门。然其细部手法，与清式异者，计有数端：

一、前、后檐额枋上，施平板枋一层，其宽与垂莲柱相等，非清式所有（图版12［甲］）。

二、后部平板枋上，仅置一斗三升交麻叶四攒，较清式疏朗。

三、麻叶抱头梁、麻叶穿插枋及檐额枋等，断面均比较高狭，与清式异（图版12［甲］）。

四、角背所刻卷草（图版12［乙］）纯系明式。清代用此者，仅顺治间所建内阁诸建筑而已。

五、楣子、雀替、垂莲柱所雕花纹（图版12［乙］）均甚粗健。

六、门左、右两侧之墙，自冰盘沿以上部分显系后代所增。冰盘沿以下者，比例低而且厚，不类清世所建（图版12［甲］）。

依上列各项，疑此门为明代遗构。

延寿殿菱花槅

延寿殿正面现以短墙封闭，致各间槅扇、槛窗无由窥其全豹。然就上部露出部分观之，其花纹玲珑秀丽，为平市古建筑中不易多得之精品（图版5［丙］）。

菱花槅之构图，系于等边六角形内搭配菱花，虽与毵文菱花合配者同一原则，但其纹样秀逸，不落常套（插图8）。且棂子皆以小支条拼斗，所余空眼较大，亦为构成外观美丽之一因素。此项手法，与明智化寺万佛阁大体类似，足窥其时尚无木板挖雕之法。

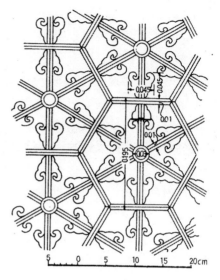

插图8　护国寺延寿殿菱花格实测图

天王殿雀替

此殿中央三间在檐柱上施雀替数具（图版2［乙］）。其前端斜线不如清式之长；底部雕曲线五段亦略近水平形状，与清代通用者稍异其制。

按雀替之起源，据本社近岁调查之古建筑，似由替木演变而成。其最早者，当推山西大同云冈中部第八洞前室东侧之浮雕。其于栌斗上施替木一层以承受阑额（插图9）。在结构上，与左、右横出之泥道拱、令拱同一用意。次为河北正定北宋龙兴寺转轮藏殿上檐之角替（插图9）。其前端卷杀尚存拱形，殆距脱离替木之形状为期未久；唯其后端下部增出小块，疑后世

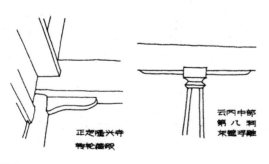

插图9

雀替下之拱子十八斗实渊源
于此，乃雀替演变中最重要
之证物。较此再晚，则有金
初所建山西大同善化寺三圣
殿（插图10）及河南安阳天
宁寺正殿二处角替。前端雕
曲线数段，已非替木形制，
但后端尚如龙兴寺之例。至
元正定阳和楼者，其前端曲
线益趋复杂，遂至全体轮廓
若鸟翼舒展，最为美观。而
明、清二代式样，即自此演
变而成。如昌平明长陵祾恩
门雀替，前端斜线（即"出
锋"）虽已增长，但其底部
曲线（即"蝉肚"）七段，
除第一段外，其余略成水平
形状，且每段长度约略相
等，可谓尚存阳和楼余意
者也（图版20〔甲〕）。

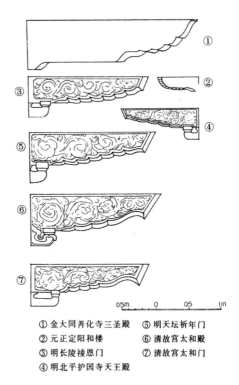

① 金大同善化寺三圣殿　　⑤ 明天坛祈年门
② 元正定阳和楼　　　　　⑥ 清故宫太和殿
③ 明长陵祾恩门　　　　　⑦ 清故宫太和门
④ 明北平护国寺天王殿

插图10　雀替之变迁

本殿雀替大体与前例类似，唯底部曲线减为五
段，殆为明中叶或中叶稍前所建，毫无疑义。自此以后，雀替之式样复
略有变迁，即明嘉靖中所建天坛祈年门，其前端斜线逐渐加大最堪注目
（图版20〔乙〕）。洎清康熙三十六年（公元1697年）所建之太和殿，
此倾向更为显著；同时底部曲线近前端之一段，亦较明代诸例稍长（图
版20〔丙〕）。至清末光绪十五年（公元1889年）重建之太和门，前端
益臻肥硕，成为极端之例（图版20〔丁〕），此为明、清二代雀替轮廓

图版20［甲］　河北昌平县明长陵祾恩门雀替

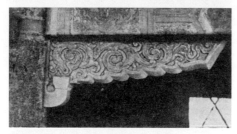

图版20［乙］　北平天坛祈年门雀替

图版20［丙］　北平故宫太和殿雀替

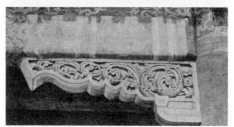

图版20［丁］　北平故宫太和门雀替

相差最甚之一点也。吾辈苟以北魏以来诸例互相比较，则其进展之顺序，似可别为三期：即北宋以前，未脱替木形状者，为第一期；金、元为第二期；明、清为第三期；惜前二期，尚嫌证物不足，仅能为极简略之推论耳。至于雀替之长，据此殿所示，在明中叶已与建筑物之面阔成正比例。而雀替后端之拱子十八斗，明代亦已用之。第此部施三幅云及其他装饰，是否为明中叶以前所有，尚难断定。以上系就正定龙兴寺以来之系统，略加申论，其余变例甚多，恕不俱及。

雀替内所雕花纹，工者极难多得。据今日所知，当推明长陵祾恩门为最佳，天坛祈年门次之（图版20［甲、乙］），其余或散漫，或纤弱，或生硬，其弊不一，即以此殿论，亦嫌构图过于琐碎。

注释

[1]皇帝圣旨里，总制院照得大都路蓟州遵化县般若院一所，元系先生占住二百三十七处数内寺院，钦奉圣旨回付，依旧为寺，今为无僧住持。有本院官亲哥玉都实经历奏大都遵化县般若院，是先生每根底回将来的院子，如今与崇国寺交差和尚每住呵怎生。奉圣旨那般者钦此。除外使院，合下仰照验据般若院并所属庄田、水碾等物，钦依圣旨处分事意委僧修理住持施行。须议札付者：右给付崇国寺准此，照会崇国寺。至元二十一年（公元1284年）二月十九日　众官印押。

皇帝圣旨里，帝师法旨里，宣授大都路都僧录司：承奉总统所札付，该二月十五日大殿内总制院官亲哥相公，对崇国讲主省会本所官正宗弘教大师，属蓟州的般若院，系二百三十七处数内回付到院子，见无主人，您总统每将那院子便分付与大都崇国寺家教做下院者，奉此，总所合下仰照验依奉亲哥相公钧旨处分事理，将般若院交付崇国寺永远为主施行奉此，使司除已行下蓟州僧正司依上交付外，很有崇国寺把执照，合行出给者：右付崇国寺收执，准此执照事。至元二十一年二月二十七日众官印押。

《崇国北寺地产图》：大都路蓟州遵化县丰稔乡苏家庄般若院常住应有房舍、庄田、水碾磨等物花名下项，东至驸马寨庙西水渠为界，南至河南山头为界，西至田知事坟为界，北至鸠山为界，内上、下水碾二盘。石家庄庄子一处，东至自己河为界，南至分水岭为界，西至神树分水岭为界，北至答安分水岭为界。东梁子河水碾一盘，内瞻碾地二十余亩。隔城口水碾一盘，内瞻碾地约二十余亩。大元至元二十一年月日三刚等立石。特赐佛性圆融崇教华严传戒大师演吉祥。

[2]皇庆元年赵孟頫撰书《大元大崇国寺佛性圆融崇教大师演公碑》："师名定演，俗姓王氏，世为燕三河人。在孕，母便绝荤肉。能言，祖母教之佛经，应声成诵。七岁，入大崇国寺，事隆安和尚为弟子。……及隆安顺世，遗命

必以师补其处。法兄总统清慧寂照大师志公，探其道熟，付之麈尾，嘱以传明之任。……师计不得已，遁去。三游五台山，还居上方寺，博观海藏，兼习毗尼。属崇国复虚席，众泣而告之，师始从其请。日讲《华严经》，训释孜孜，曾无废敌。世祖皇帝闻而嘉之，赐号'佛性圆融崇教大师'。至元二十四年，别赐地大都，乃与门人叶力兴建，化块砾为宝坊，幻蒿莱为金界，作大殿以像三圣，树高阁以庋藏经，丈室廊庑，斋厨僧舍，悉皆完美，故崇国有南、北寺焉。"

[3]《国立北平研究院院务汇报》第四卷第三期，姚彤章先生《记护国寺舍利塔中之藏塔》载延祐二年（公元1315年）通奉大夫湖广等处行中书省参政速安并男中奉大夫曲迷夫不花《建塔记》："速安参政公，具佛知，见在日尝谓其子曰：'吾卜崇国重地，建舍利塔，为诸有情大作佛事。'竟弗谐，赉志而逝。其子肯堂肯构，不食先君愿言，捐财鸠工，涓吉就事，垒砖成塔，安奉舍利。"

[4]至正十一年（公元1351年）《皇元大都崇国寺重新修建碑》："京都有寺曰：崇国，前至元乙酉（二十二年，公元1285年），世祖皇帝所赐地，传戒大德沙门定演所开创，凡为佛殿、经阁、云堂、方丈、香积、僧寮、儊屋等百有余楹。敕赐蓟州遵化县般若院为挟刹，资以水碾磨、田产有加。皇庆延祐间，仁宗皇帝、刺□室刺皇后赐钞三千余锭，贸易民地，别建三门。寿元皇太后复赐钞五百锭而经营焉。寺之伦序，十完六七。……无何岁月变更，渐至颓弊。且钟楼、廊庑等屋，尚焉阙如。至正乙酉，适方丈虚席，寺众会谋曰：寺之房宇久故，将不可支吾矣，况未备尤多，非力量人莫克有为，孤峰学公，法派之嫡；其器局拔群，宜敦勉焉。乃阇辞三请致之。既署事，讲演之余，相厥缓急，捐己衣资，于疏漏□修者，曰：法堂、云堂、祖师、伽蓝二堂、厨库、僧房，侍者儊赁等房，计间五十余；于新创建者，钟楼、法堂东廊庑、南方丈等，计间亦三十余，皆为之甃砌圬墁，丹垩髹漆，轮焉奂焉，咸为一新。"

[5]至正十四年碑阴，刻南、北崇国寺庄田资产，内载所辖之寺，自香河县降安寺以下，无虑二十余所。

[6]至正二十四年危素撰书《大崇国寺空明圆证大法师隆安选公特赐证慧

禅师传戒碑略》："善选师，姓刘氏，世居香河会仙乡马家里，生于金大定十五年（公元1175年）四月。稍长，出家于里中隆安寺。……闻燕京永庆寺正法藏大师，通清凉国师义疏，乃造习焉。……我师伐金，师转徙平、滦军中，仅得还燕。闵忠、崇国二寺，已俱为兵毁，丞相雅克图等奉朝命，徙各寺人匠。中书令耶律楚材署疏请主闵忠寺，寻之崇国寺。"

[7] 见陈宗藩《燕都丛考》第二编150页及151页。

[8] 光绪《顺天府志》十六："明宣德己酉（四年，公元1429年），赐名：大隆善寺。"

[9] 天顺二年（公元1458年）《敕赐崇国寺碑》："西天大剌麻梵名桑渴已辣，乃中天竺国之人。则尝言其自幼出家，游五天竺，参习秘密最上一乘。以抵西番乌思藏国，遇我皇明册封圆融妙慧静觉弘济辅国光范衍教灌顶广善西天佛子大国师光无隐上师，宣传圣化。在彼藏中，迎葛哩麻大宝法王，则于彼时礼无隐上师为师，倾心归服，执事左右。已而，同葛哩麻，统诸番邦进贡方物。来我中原，不啻数万千里，梯山航海，远到南京，朝觐太宗皇帝，获蒙见喜，赏赐劳来之甚，命居西天寺，恒给光禄饮馔，及任随方演教，自在修行，即永乐三年也。其后驾幸北京，越十一年，被召而来，居崇恩寺。寻奉圣旨，内府番经厂教授内臣千余员，习学番语、真实名经、诸品梵音赞叹，以及内、外坛场。……正统元年，伏蒙御用监太监阮文等，同其仍将崇恩后殿兴修庄严，救度佛母色相，与盖山门、廊房、方丈皆备。至四年间钦蒙敕赐还做'崇恩'之额。"

[10] 成化八年（公元1472年）碑："朕自登大宝以来，奉天敬佛，无不诚心。近闻禁城西隅，有佛刹曰：大隆善寺。宣德年间，奉佛敬僧，将香殿□座数十余间修盖。佛殿僧房，于天顺年间倾颓。朕念佛地，乃出帑金，募财结缘，以成胜事。命太监二员黄顺、覃勤，谨率监督内官杜坚等十三员，及侍郎等官蒯祥等各色巧匠千数余人，自成化七年九月初八日兴工，次年十一月初二日毕工。"

[11] 成化八年《乐助善缘之记》："大明成化七年，皇帝自出金帛，做

工市材，重建大隆善寺，加额曰：'护国'。于是内侍、太监等臣，钦唯皇上至善深仁，发乎圣心，不胜欣跃，亦各乐助私财，共成胜事。"

[12] 成化八年碑："大明成化七年，皇帝重新修建大隆善护国寺，钦承圣母皇太后助赐金帛，及中宫并各皇妃，下至女官、官人等，亦各乐助银币等物。"

[13]《宪宗实录》："成化八年七月，修缮善寺毕工，命工匠张定住等三十人为文思院副使，写碑官尚宝司少卿任道逊为本司卿，司丞程洛为少卿。"

[14] 成化十七年（公元1481年）《敕建大隆善护国寺看诵钦颁大乘诸部藏经碑文》："昔为招提煨烬，大兴工役经营，金碧交辉，转祇洹于东土，丹青绚彩，移兜率于下方。"

[15]《日下旧闻考》卷五十三："正德壬申（七年，公元1512年），敕西番大庆法王凌戬巴勒丹、大觉法王札什藏布等居此。"

[16]《畿辅通志》："明成祖欲为姚少师建第，少师固辞，居庆寿寺。后更名大兴隆寺。"

《明史》卷一百四十五·姚广孝传："嘉靖九年（公元1530年）……尚书李时偕大学士张璁、桂萼等，议请移祀大兴隆寺，太常春秋致祭。诏曰可。"

《日下旧闻考》卷四十三·引明《嘉靖祀典》："嘉靖九年，右春坊右中允廖道南奏：'太庙功臣配享，永乐以来，附以姚广孝。今大兴隆寺有广孝影堂，像削发披缁，不可上比圣祖开国功臣之例。'"

又引《明典汇》："十四年四月大兴隆寺灾，御史诸演……请改僧录司于大隆善寺，并迁姚广孝牌位。"

又卷五十三引《帝京景物略》："大隆善护国寺，都人呼崇国寺……后僧录司。司右姚少师影堂。少师佐成祖为靖难首勋，侑享太庙。嘉靖九年，移祀大兴隆寺。俄寺灾。移此。木主题：'推忠报国协谋宣力文臣特进荣禄大夫上柱国荣国公姚广孝'。像露顶袈裟趺坐。上有偈，署'独庵老人题'。独庵，少师号也。"

[17]《日下旧闻考》卷五十三："姚广孝画像无考。"

[18]康熙六十一年（公元1722年）《御制崇国寺碑文》："禁城西安门外乾隅，有崇国寺，元大德（公元1297—1307年）时所建。至明正德（公元1506—1521年）间，命大庆法王居之，为西僧香火地，迄今二百余载。康熙六十年春，诸蒙古汗王、贝勒、贝子、公台吉他布囊等，请创寺祝厘，朕未谕允。复合词陈奏，谓兹寺为前代名刹，规模具存，纂葺之工，减于肇构，坚恳兴修。朕重违其诚，勉从所请。于是蕃族庀材，匠氏并力，经始落成，曾不逾岁；盖栋宇仍旧，而丹艧增焕矣。"

[19]乾隆御制诗，见《日下旧闻考》卷五十三。

[20]《日下旧闻考》卷五十三："每月逢七、八两日，有庙市。"

[21]《日下旧闻考》卷五十三·引《帝京景物略》："中殿三，旁殿八，最后景命殿，殿旁塔二，曰：佛舍利塔。"

[22]《中国营造学社汇刊》五卷第四期《河北省西部古建筑调查纪略》图版十九（乙）。

[23]《中国营造学社汇刊》第四卷第三、四期合刊本《大同古建筑调查报告》第155、156两页。

[24]陈宗藩《燕都丛考》第二编147页。

[25]希参阅《中国营造学社汇刊》第四卷第三、四期合刊本《大同古建筑调查报告》99、100、124、132页。

[26]《营造法式》卷九·佛道帐，及卷三十二·山华蕉叶、佛道帐图。

[27]《中国营造学社汇刊》第四卷第三、四期合刊本《云冈石窟中所表现的北魏建筑》插图第16、18、19、38。

[28]见《隶释》卷五及《隶续》卷九。

[29]见《隶释》卷十一及《金石苑》卷一。

（本文曾发表于1935年12月《中国营造学社汇刊》第六卷第二期）

云南之塔幢

一、云南塔幢建筑综说

在历史上，云南与中原之关系远在楚庄蹻王滇，或在其更前，然正式隶属华夏，实始于汉武帝之置益州郡。唯境内民族极为庞杂，且其时益州一郡斗绝西南，中央政治力量鞭长莫及。故汉、晋之际叛变屡生，号称难治。东晋以还，迄唐初叶，东、西爨雄踞滇东垂数百年，虽奉正朔，实同割据。其后南诏、大理相继独立，至元世祖灭大理，置行省，乃复入中国版图。然汉族与汉文化，自西汉中叶，挟其政治力量与文化本身之优越，首移植于云南之东北隅，后渐西及保山，南至建水，使当地农田、水利、蚕桑、文织、建筑、姓氏以及丧祭、埋葬之法，服色、装饰之微，均效法华夏，不一而足。而大、小爨碑以下金石遗文，与南诏、大理二代传世诗词，文辞憺雅，书法遒劲，方之中土，绝无逊色。尤足证其时统治阶级汉化程度之深，以及汉文为通行文字也。降及明、清，中原移民数量益增。康、雍以后，改土归流，旧日土司，侪为黎民。今省内氏族虽极繁驳，但除西北、西南二隅统治较晚外，其余各部之语言、风俗，已以汉族为中心，渐趋于同化矣。

　　建筑方面，经唐天宝间南诏徙西爨一役，举汉、晋来云南政治、文化之中枢，若两汉之益州郡（今晋宁县），三国以后之建宁（今曲靖县）、晋宁（今晋宁县）二郡，皆荡然兵荒。今日所知，唯大、小爨碑及昭通、鲁甸之石墓、花砖墓寥寥数种而已，而后者未经调查，正确年代尚难臆测。自唐以后，文献实物数量渐增，其最重要者，莫若南诏之郭邑、宫室及民居，见于唐樊绰所著《蛮书》，及现存寺刹所示形式、结构，核之中国几无二致。然此现象，依建筑发展之常例，决非短期内所能产生，于以窥云南建筑之汉化，必自西汉以来或更早，经长期潜移默化，然后始如樊氏所称，上栋下宇，悉同汉制也。元、明以降，继武前休，更为恢廓，其事昭著，无俟词费。然经历代兵燹、地震，与夫政治之因革，宗教之敌视（如清咸、同间杜文秀之役），只砖、石营造之塔、幢、碑、墓、造像等保留尚多，而木建筑在著者所调查之昆明市及昆明、曲靖、富民、安宁、楚雄、镇南、姚安、宾川、大理、邓川、建川、鹤庆、丽江等13县中，仅发现元代建造者二处，明代建造者约20处。本文仅举南诏以来之佛塔、经幢遗迹，略述梗概。

　　南诏以来之塔，据著者调查所及，除八角塔及金刚宝座式塔各仅一处外，其余胥属于唐代密檐式方塔系统。塔之形制，下构台基，上建塔身，施密檐十余层，皆砖造。至顶置金属或石制之刹。塔身内部则辟方形小室，岩峣直上，有若空井，内施木梯及楼板多层，以达上部。顾此式之塔，自金大定间所建洛阳白马寺塔以后，中原诸省久已绝迹。而云南自南诏、大理迄于今日，千数百年来薪火相传，连绵不绝，令人惊其影响之深与流传之久，已远逾中原本土。然现存南诏浮屠寺塔，虽与唐塔形制亦步亦趋，合若符节。而元、明之后建者（若昆明之妙应、妙湛、大德诸寺塔），以传世既久，其局部手法已貌似而神非，致不可同日而语矣。

我国北部诸省之墓塔，采用喇嘛塔式样者乃始自金、元之际。然云南地区则以昆明筇竹寺元至大间所建洪镜雄辩法师塔为最早。洪镜尝游学中原，凡事四师历二十五载，始返故里。今观塔之形制结构及其雕饰华纹，知自中土输来，而非传自印度或西藏也。唯此类之塔，历明及清迭经演变而渐失原型。如宝瓶平面已改为方形或六角形；又十三天部分崒然高举，有若经幢，皆其最显著者。

金刚宝座式塔输入云南，似亦始于元代。第元建之昆明万庆寺白塔，已毁于民国初季。今之所存，唯昆明妙湛寺明天顺间所建石塔一处而已。此外夏世南《云南史地丛考》，谓小东门外之穿心鼓楼亦属此式，但台上楼观年代甚新，原有之塔作何式样已无术穷究，只有存而不论。

省内经幢，仅存大理国时期段进忠施建之昆明大悲寺经幢一基。其结构层次，与雕刻之构图、线条、刀法等，大抵与宋幢相似，唯雕刻题材多数采自密宗，乃其差违较甚之点。

云南之西北、西南二隅，虽盛行喇嘛教与小乘佛教，然元、明以前，其地接受中土影响较少。其余各部，则自汉、唐以来久为华夏文化熏陶，历代滇僧游学中原，及中原高僧卓锡滇中者，指不胜屈[1]。且僧侣

---

[1]　见《滇释记》。

所诵经论，一如中土①。故其佛寺之配置与塔幢形范、雕饰纹样，莫不属于同一系统。至于喇嘛式塔虽肇源于印度。但云南采用此式之塔，系在中土盛行以后，其传入路线，亦由中原辗转南来。足证云南之佛教艺术，乃我国艺术之尾闾，不因地近印度、西藏而影响其相互关系，乃有如睹火矣。

二、塔幢实地调查记录

调查记录先按塔、幢类型，分为（甲）方塔及八角塔。（乙）金刚宝座式塔。（丙）喇嘛式塔。（丁）经幢。每类之中，则按建筑年代先后予以排列。

（甲）方塔及八角塔

1.大理县佛图寺塔

佛图寺在县治南十一公里羊皮村阳和山（亦名马耳峰）下，东距公路约半公里。寺前砖塔秀峙（图1），俗称蛇骨塔，即《通志》所载南诏段赤城斩洱海蛇埋骨处。塔西为山门，门内仅清中叶所建正殿及左、右庑各一座，现改县立初级小学校。

塔砖造，平面正方形（图2）。下部台基现已崩溃，致原有形制无从探讨。砖之表面刻画斜纹，与下述崇圣寺千寻塔之砖大体相似。台上塔身每面约阔四米半，东面设门，门内为方形小室，直贯上部。其背面嵌明万历三年（公元1575年）碑，纪建文、万历二代重修此塔事迹颇详。塔身以上构密檐十三重，皆以菱角牙子与叠涩组合而成。全体比例，在省内同系诸塔中最为无懈可击者。而详部结构如檐之厚度，自下而上

---

① 见元·郭松年《大理行记》。

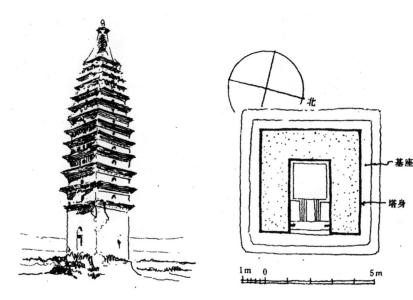

图1　云南大理县佛图寺塔全景　　　图2　云南大理县佛图寺塔平面

逐层减薄；檐之两端未形成显著之反翘；檐伸出较长，凹入较大诸点，均与中原唐塔极为接近。故其外观之秀丽，亦为滇省诸塔之冠。塔顶相轮、华盖、宝珠等搭配层次与分件之比例，则为明以来南方之通行式样，但建置于何时，因无显证尚难臆定。

此塔建造年代，《县志》谓建于唐宪宗元和十五年（公元820年）五月，即野史所谓南诏主劝龙晟时期，此外无其他旁证可资引用。然其结构式样为唐代同期之物，则决无可疑也。足窥其时中原文化远被边域，其深刻普遍有非后人所可企及者。

2.大理县崇圣寺千寻塔及双塔

崇圣寺俗称三塔寺，在县治西北公里半点苍山应乐峰（亦称小岭峰）下。传创自南诏蒙氏，而元以前之文献散佚殆尽，故寺之规制已无从稽钩。自元以后见于记载者亦甚简略。寺东向，其前青松参天，千寻塔与八角塔二鼎立山门外（图3、4）。门内危楼百尺，悬南诏建极十二年（即唐懿宗咸通十二年，公元871年）所铸铜钟，径丈许，具波罗密及四天王像。再西释迦殿九楹，为寺内主殿。殿后回廊周匝，碑碣林立。次现瑞殿（亦称两珠观音殿），奉唐匠董善明所铸观音立像。自此

图3　云南大理县崇圣寺三塔全景（见《中国营造学社汇刊》七卷第二期第5页）

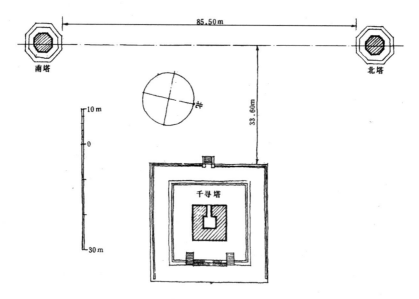

图4　云南大理县崇圣寺三塔总平面图（见《中国营造学社汇刊》七卷第二期第7页）

登梯而西，复有毗卢、极乐、龙华诸殿，及方丈、僧庐三十六房，分布寺之左、右，规模宏巨，为南诏以来滇中佛寺之巨擘。惜咸丰六年（公元1856年）回民杜文秀之役，大理为其所据，寺之殿阁悉沦劫灰。清末于大理训练新军，复划寺之前部为营房，包三塔于内。其余各部残垣败壁日渐渐灭，或已拆为民居。现寺中古物，除三塔外，尚存元泰定二年（公元1325年）碑，位于营房外西北。碑西，有清建造之西铜殿，藏光绪补铸之唐观音像及明成化铜钟，与殿前明万历时砖塔二座。再西净土庵三楹，亦劫后重建，或即《徐霞客游记》所记方丈故址是也。

千寻塔为密檐式方塔（图5、6），位于寺中轴线上，下承台基二层，甚宏阔。台上塔身每面约阔十米。据残破处所示，砖之表面均刻画斜纹。唯砌砖之法全用顺摆式，致内、外相邻之砖缺乏联系，易于崩溃。然唐、宋砖塔往往如此，故知此塔确系袭用中原成法也。塔身东、

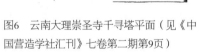

图6　云南大理崇圣寺千寻塔平面（见《中国营造学社汇刊》七卷第二期第9页）

图5　云南大理崇圣寺千寻塔及双塔之一

南、北三面于离地五米处嵌藏文碑各一，文字漶漫，年代不明，仅碑额所镌卷云及佛像五尊似为元人制作。塔身西面辟门，经走道一段，即至塔心方室。此室直贯塔之上部，但楼梯凋毁，现存梁木似明嘉靖间李元阳重修时所置，非初建原物也。塔身以上构密檐十六层，全体比例失之高耸，唯檐部断面凹入颇大，一如唐塔常式。檐下每面中央设圆券，内供佛像；其左、右壁面上塑单层塔各一。塔顶之刹于1925年地震时堕落，迄今尚未修复。

此塔营建年代，有唐贞观六年（公元632年）及开元元年（公元713年）二种。开元一说谓塔为唐匠恭韬、徽义二人所建，至肃宗上元间（公元760—761年）落成，凡阅时四十八载。然汉、晋以来，云南之政治、文化中心皆萃集于滇东。唐贞观时，洱海两岸六诏分立，统号洱海蛮，文化程度较为落后。其后大理附近，为蒙舍（即南诏）、邆睒二诏交争之地，而南诏浸盛。开元二十五年（公元737年），南诏皮罗阁并灭五诏。二十七年，自蒙舍（今蒙化县）徙居太和城（今大理县治南七公里半太和村）。天宝中，其子阁罗凤叛唐，僭号大蒙国，至代宗大历十四年（公元779年），奠都羊苴咩城（今大理县治附近），文物制度始臻完备。由是而言，于开元末皮罗阁迁居太和城以前，其地荒榛未辟，讵能营此巨刹？且元李道源《重修崇圣寺记》为今日所知此寺最古之碑，亦仅云寺创于南诏蒙氏。而开元末叶以前，其地非蒙氏所有，寺何由建？故前述二说均难置信。今按《南诏野史》载，劝龙晟与丰祐先、后修此寺，事在唐宪宗元和十五年（公元820年），及敬宗宝历元年（公元825年），其后懿宗咸通十二年（公元871年）酋龙铸铜钟，俱属阁罗凤迁都羊苴咩城之后。意者，此塔建于南诏鼎盛时期，即唐中叶至唐末之交，或与蒙氏国势进展较为切合耶？五代至宋之文献，无所证考。元初寺灾，中统、至元间，段实捐赀重修，兼及此塔。明正统九年（公元1444年）地震，塔身罅裂。嘉靖末李重阳重修。而李氏复增修全寺，成

图7　云南大理县崇圣寺双塔详部

三门、七楼、九殿，历时二十余载，厥功尤伟。自是以后，唯明万历、清乾隆及民国十四年（公元1925年）地震后，略事修葺而范围较狭，不能与至元、嘉靖二役相提并论也。

双塔位于千寻塔之西40余米。南、北对峙，中心相距约93米余（图4）。塔皆砖砌，八角十层（图5、7），每层施出檐及平座，形体秀丽，极似宋代江、浙诸塔。唯下部台基已毁，近年以乱石构台二层，不与原塔相称。

塔身第一层嵌碑数通。第二层以上亦无门、窗，唯于壁面上隐起方形小塔，下承卷云；或易以半圆形龛，供佛像于内。其塔身转角处则构圆倚柱，若重叠圆鼓数枚于一处者。各层之檐，以叠涩构成枭混曲线向外挑出，表面隐起山花蕉叶、宝相花、佛像、动物等。而北塔上层之檐，犹存少许红色刷饰，古色斑驳，殆即明嘉靖三十二年（公元1553年）李元阳重修时物。檐上之平座或承以莲瓣，或托以华拱，殊不一律。

按塔之创建年代，无多记录可凭，唯元初李元道碑及郭松年《大理行记》胥皆道及，知其时业已存在。而此类八角塔，在我国本土未有早于五代末期者。故疑建于五代与元之间，即大理国段氏统治期间内也。

3.大理县弘圣寺塔

弘圣寺俗称一塔寺，在县治西南一公里点苍山龙泉峰下。寺东向，堂殿、门庑毁于清咸丰回民之役，现唯故基二处隐约可辨，及寺前砖塔一座巍然幸存。

塔系密檐式方塔（图8、9），下有乱石砌台基，东、南、北三面各饰以佛龛。塔身下部一部亦为石构，其上始以红泥砌砖，外涂白垩。塔身西面辟门，门上加石楣，琢佛像五躯，似明人所刻。自门可通至塔心方室，此室直达塔之上部。而第一层中央建塔心柱，据柱上铭刻，原有之柱被盗拆毁，现柱乃明嘉靖二十四年（公元1545年）郡守蔡绍科所补建者。塔之外部于塔身以上施密檐16层，皆挑出甚短，致塔之形范殊嫌瘦耸。檐之结构与各层壁面上之圆券、小塔等，俱如崇圣寺千寻塔，唯出檐所构之外轮廓线较为僵直。塔顶之刹亦经明嘉靖间蔡绍科修补，但自此以后曾否修治，今尚不明。

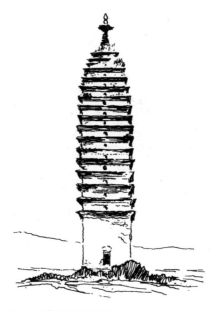

图8 云南大理弘圣寺塔

此塔之建造年代，据明·李元阳《大观堂修造记》，谓建于周昭王（公元前1052—前1002年）时。《县志》则属之印度阿育王时期（公元前266—前230年，即周赧王四十九年），俱剌谬不足置辨。考塔之形制与详部结构，显较南

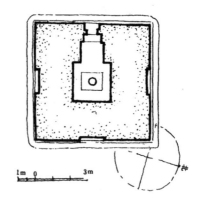

图9 弘圣寺塔平面

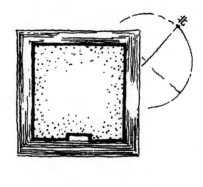

图10　昆明市妙应兰若塔平面

图11　昆明妙应兰若塔及塔顶远望
（见《中国营造学社汇刊》七卷第二期
第12页）

昭建造之佛图、慧光二寺塔及崇圣寺千寻塔略晚，而视元妙应兰若塔与明妙湛寺塔为早，故疑成于南诏末叶或大理国时期。

4.昆明市妙应兰若塔

妙应兰若亦称妙应寺，在昆明市大西门外三公里路东银锭山上。寺东南向，堂殿、廊庑亦毁于清咸丰六年回民之役，仅寺后柏林中存砖塔一基。塔系密檐式方塔（图10、11），下承台基一层，已半毁。塔身每面仅宽二米余，其东南面原有塔门，现已堵塞。西北面则嵌元·赵政惠所撰《妙应兰若塔记》。塔身上虽以叠涩与菱角牙子构成密檐十三层，但皆挑出甚短，且檐之两端咸向上反翘，其断面亦未成枭线，视省内南诏诸塔迥然异观。塔顶之刹仅余相轮及华盖，胥为石制。

据赵氏所记，寺创于元中庆路总管李氏，而塔乃元成宗元贞元年（公元1295年）张成异等35人所捐建。末附匠人杨贤、张奴二人。张乃石工，见昆明华亭寺元泰定间所建杜昌海墓塔，及佛顶尊胜宝塔残件题名。杨贤殆即营塔之匠，若少林寺唐《同光禅师塔铭》所载之造塔博士是也。

5.昆明县妙湛寺砖塔

妙湛寺在县治南十公里官渡镇，创于元至正间。其地原为昆明湖之一部，地面以下螺壳累积厚数尺，故亦称螺峰寺。明英宗天顺二年（公元1458年）云南镇守太监罗口大事恢廓，于山门内建密檐式砖塔二座。同时又于山门外中轴线上，建金刚宝座式石塔一座。清康熙三十五年（公元1696年）地震，石塔半圮，后经昆明县令罗国珍修复。

砖塔原系东、西对峙，现仅存东侧一座（图12）。下部台基二层，颇高峻，表面隐出间柱及壸门、牙子。台基上建方形塔身，上覆密檐十三层。檐之结构比例与外轮廓线，绝似元代之妙应兰若塔，而较明大德寺双塔保存唐塔之成分略多。足证云南此类塔之退化，约在明中叶以后也。现塔顶之刹已毁坠；塔身西侧有裂罅一道；台基一部亦已圮毁。

6.昆明市大德寺双塔

大德寺俗称双塔寺，在昆明市永宁宫坡东祖遍山上，现改昆华女子师范学校小学部。寺依山营建，自山门，历天王殿、中殿、后殿凡四重，而后殿似明末清初

图12 昆明妙湛寺砖塔

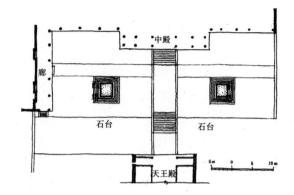

图13　昆明大德寺双塔平面图

建。现寺内堂庑多经改筑，唯天王殿与中殿、后殿变易较微。双塔位于中殿之前，东、西塔心相距约27米半（图13）。

塔皆密檐式方塔（图14），下部构石座（图15），座上累砖为台基二层，每层于束腰部分隐起间柱与壸门，牙子，其上覆以出挑较大之方涩一层，而上层方涩之上缘呈反翘状，不见于他处。台基上建塔身，每面宽三米弱，外壁涂白垩，上覆密檐十三层，胥以菱角牙子及叠涩组合而成。檐之上缘两端反曲特甚，疑出后人修改。然此二塔塔身过低，而上部诸檐过高，檐之结构亦嫌笨重；且各层出檐所构成之塔外形轮廓线，僵直而乏美感，方之唐代同系诸塔，则瞠乎其后矣。

图14　昆明市大德寺双塔

图15 昆明市大德寺双塔塔基

此寺创自元至元间，而扩增于成宗大德时，故称大德寺。明平云南，划其半以属昆明县署，于时大殿倾圮，门庑仅存；至英宗天顺间县署他徙，复臻隆盛。宪宗成化十三年（公元1477年）何永清施建双塔，见寺内成化二十年碑。《通志》谓建于成化九年，实误。其后寺经明崇祯、清康熙再度修葺。至光绪四年（公元1878年）大风毁东塔一部。现塔顶建喇嘛式小塔一座，色泽犹新，或即风灾后所置者。

7.昆明市慧光寺塔

慧光寺俗称西寺，在昆明市东寺街南段路西，自南诏以来即为滇东巨刹。明弘治、清康熙相继修葺，至咸丰时，杜文秀麾下回民入昆明，悉焚寺内堂殿，现仅存孤塔矗立陋巷中。塔砖造，为密檐式方塔（图16）。其建造年代，《县志》谓与常乐寺塔同为唐南诏国弄栋节度使王嵯巅建，而未确指何年。《通志》及野史等则称创于唐贞观、贞元、元和、太和、大中诸代，其说颇不一致。考唐代宗广德初（公元763年），南诏王阁罗凤命子凤伽异筑柘东城于今昆明市之南郊，以镇抚滇东。宪宗元和三年（公元808年），再传至寻阁劝，始立东、西二京，而以柘东为东京。其子劝利丰祐嗣位，屡居东京，事在元和、大中间。则此寺昌盛宜在广德或元和以后，贞观之说不无疑问。第此寺屡罹兵燹，元以前之证物已荡然无存，贞元以下诸说孰为可信，非今日所能定论也。

塔之结构，下累台基三重，平面皆正方形（图16）。上层砖基表面

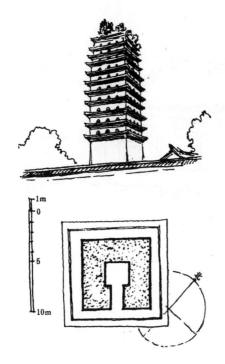

图16　昆明市慧光寺塔外景平面

饰壶门、牙子及间柱，但大部崩毁。所用之砖表面具凸起之斜方纹，较大理县唐宪宗元和十五年（公元820年）南诏主劝龙晟所营佛图寺塔之砖仅划刻斜纹者，制作更为工密。台基上构方形塔身，每面约广七米，塔身南面辟一门，由此导至塔心小室，室岌峣直上，若方井倒立。但原有木梯、楼板现已朽落，只余梁架支悬，不能登临。塔身以上，外部施密檐十三层，胥于菱角牙子上以叠涩多层向外挑出。塔外轮廓具优美之微凸曲线，乃唐塔之通行式样。唯檐之上缘至两端，向上反曲颇高，其断面非枭线，而近乎混线。证以滇省唐、明二代遗物，疑此部乃明弘治十二年（公元1499年）地震后，刘昶等改修所致，非塔之原状也。檐间壁面每侧设小圆券，内奉佛像，兼可采光。券左、右壁面各隐起小塔一座，形制比例似明以后所为。塔顶之刹已失落，周旁杂树丛生，致塔顶一部圮溃，亟待修治。

8.凤仪县飞来寺双塔

寺在县治西南二公里半洛龙山下，传创自明季。现存门殿二重及左、右廊庑，皆咸丰回民之役以后重建者。大殿面阔五间，单檐歇山造，其前月台颇高峻。台上存清康熙三十年（公元1691年）建小型砖塔

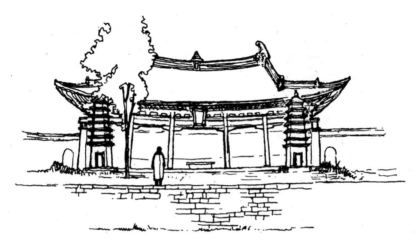

图17 云南凤仪县飞来寺双塔（见《中国营造学社汇刊》七卷第二期第16页）

二基（图17）。塔平面方形，下构台基，中为塔身，上覆密檐七层，形制简洁，其唐塔风貌犹未全替。据今日已知资料，清代双塔仅此一例，继武前征，甚足罕异。

9.昆明市常乐寺塔

常乐寺在昆明市东寺街南段路东，因与慧光寺东西遥峙，俗称东寺。寺内原有砖塔一座，传为唐南诏国弄栋节度使王嵯巅建，视前述慧光寺塔尤为高广。清道光十三年（公元1833年）塔崩圮。光绪九年（公元1883年）云贵总督岑毓英倡议重建，患旧基卑下，乃东移数百步至臭水河东岸，另营密檐式砖塔一座（图18）。凡四阅寒暑，至十三年（公元1887年）冬落成。

塔下构石台三层，甚低矮。其上建方形塔身，南面辟门（图18），门外踏步作半圆形。塔身以上施密檐十三层，皆向上微微反曲，而檐部之叠涩数，至六、七、八、九层突然增多，其出挑长度亦加大，致塔之外轮廓线中部凸出过甚，殊损美观。塔顶范铜为刹，四隅各立铜凤一，

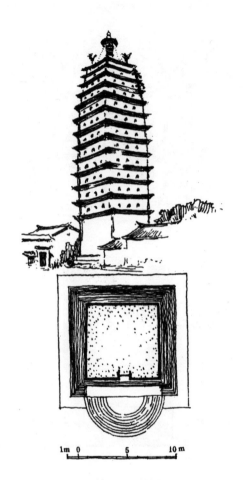

图18　昆明常乐寺塔平面及塔外观（见《中国营造学社汇刊》七卷第二期第19页）

引首向外。据塔北光绪十六年碑，塔之形范系模仿南诏原塔，然原塔已毁，无术追拟，殆以慧光寺塔为蓝本，而详部结构，貌似神非，不啻上下床之别也。

（乙）金刚宝座式塔

昆明市妙湛寺金刚宝座式石塔

妙湛寺山门外中轴线上，建有金刚宝座式石塔一座（图19上部）。塔之结构，下建正方形石台（图19下部），每边约宽四米，高三米弱。壁面上嵌明天顺造塔铭颂，及清康熙重修碑记等四种。台内设筒券二道，十字相贯，若元代过街塔座形式。台上绕以石栏，一部已毁，现存者乃清代物。台上中央建喇嘛式石塔一座，下为方形须弥座，束腰处隐起间柱。座上施金刚圈数层，上构覆钵（或称宝瓶、塔肚子），前琢小佛龛，再上为塔脖子、十三天及铜盘、宝珠等。除须弥座及塔脖子之平面未采用十字折角形及十三天未隐起线道外，其全体形范与局部比例尚存明代喇嘛塔之轨制。唯台上四隅之小塔四座（图19上部），其须弥座颇大，而覆钵较小；十三天以上部分，尤类清代之经幢、墓塔，其经近世改修，殆无疑义。现塔上草木繁茂，树根循石缝下侵，已使塔之一部崩裂，宜急设法芟除。

（丙）喇嘛式塔

昆明县筇竹寺元墓塔

筇竹寺在县治西北十公里玉案山上，传创建于唐贞观中，其故址在今寺西北；泊元僧洪镜及徒玄坚先后住持此寺，始迁现处。洪镜尝游学中原20余载，事国师杨子云为师，博学宏器，隐然为当时滇僧领袖，于是宗风大振，蔚为巨刹。明永乐间，寺遭回禄。宣德三年（公元1428年）重建。嗣经成化、万历及清康熙、光绪数次重修。现存门殿四重。

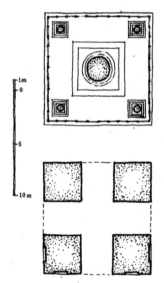

图19　云南昆明县妙湛寺金刚宝座塔平面及外景（见《中国营造学社汇刊》七卷第二期第21页）

大殿面阔五间，重檐歇山顶，结构式样类明代物。唯因近代修改，斗拱部分悉予截去，其甚足惋惜。

寺后山坡上，有历代住持墓塔多座，其中以元武宗至大三年（公元1310年）所建洪镜雄辩法师塔年代为最古。塔之须弥座及覆钵皆砖造。自塔脖子以上至华盖、宝珠则易为石。详部结构，除宝瓶略嫌高耸，又十三天平面改为十字形外，此外各部均为元代喇嘛塔之通行式样。

玄坚雪庵宗主塔位于洪镜墓塔之前，于石须弥座上建喇嘛式塔三座，其中央一塔形体较巨（图20）。塔下须弥座与塔脖子平面皆作十字折角形，且覆钵比例肥短，视洪镜塔更与当时北方诸塔为近。左、右二塔之须弥座已作正方形，且塔顶无十三天及华盖，不审系坠落后未补，仰营建时已经如此。据《滇释记》，玄坚殁于元仁宗延祐六年（公元1319年），则此三塔应建于其殁后不久。

图20　云南昆明县筇竹寺玄坚宗主塔平面及立面图
（见《中国营造学社汇刊》七卷第二期第19页）

（丁）经幢

昆明市地藏庵经幢

地藏庵亦名大悲庵，在昆明市柘东路东段路南。《通志》称寺创于蜀僧永照、云晤，而年代无考。明宣德时重修。清咸丰回民之役，寺毁于兵。民国初改古幢公园，旧日规模仅存石幢一基及幢西重檐建筑一座，其余无由辨识矣。

　　幢八角七层，高七米半，全部以石灰石构成（图21）。下有基座二层，刻宝相花及卷草。座上设圆形石鼓，琢龙、云蟠绕。其上置八角平盘，盘之五面刻《般若波罗蜜多心经》，余三面刻慈济大师段进全所撰《大理国议事右变袁豆光敬造佛顶尊胜经幢记》，凡540余字，但无营建年月。所云袁氏事迹亦无可考。依幢之形制推测，疑建于大理国末期，约值南宋时期也。平盘上建幢身，与盘均非正八角形，殆当时迁就石料不得不尔。幢身表面遍刻梵经，俗因称为梵字塔。其东、南、西、北四隅各镌金刚立像一尊，踏鬼类，雕刻手法略失粗犷。再上以华盖、卷云及檐顶划分六层，其间琢佛像与建筑物，而以第三、四两层小像最为精丽。至顶，饰以仰莲及宝珠。但此幢自下而上之各层高度与出檐长度，均未成递减之数，致上

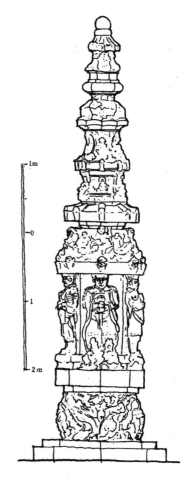

图21　云南昆明市地藏庵经幢立面（见《中国营造学社汇刊》七卷第二期第21页）

部诸层与全幢不相调和，乃其缺点。雕刻题材以大日如来佛（即卢舍那佛）为主，杂置金刚护法及金翅鸟，密宗色彩甚为浓厚。以较中原五代、北宋诸幢，上琢释迦游四门事迹者，大相径庭。

　　此幢旧时覆以小阁，佛像雕饰，悉施彩绘。现虽剥落，但除最上二层略有损毁外，大体尚保存完整。

〔此文发表于《中国营造学社汇刊》第七卷二期（1945年10月）〕

苏州云岩寺塔

《文物参考资料》编者按：本刊1954年第三期发表的吴雨苍先生所写《苏州虎丘山云岩寺塔》一文，经厦门大学韩国磐先生指出其中有些尚须商榷之处，如"唐避太宗李虎讳名"就是一个明显的错误。另外该文也还有少数地方介绍得不够明确的。现在我们特请刘敦桢先生撰写了这篇专文。刘先生是古建筑专家，并亲自参加了这次云岩寺塔的勘察工作，本文对塔的建筑方面介绍甚详，是研究苏州云岩寺塔的重要资料。

塔的建筑年代

　　云岩寺塔八角七层，砖造（图1）。因位于虎丘山上，一般称为虎丘塔。它的建筑年代，最容易和隋仁寿舍利塔混为一谈。但杨坚（文帝）建塔诏书，与杨雄等《庆舍利感应表》，以及后来《幽州悯忠寺重藏舍利记》，都很明白地告诉我们，仁寿元年（公元601年）所建舍利塔30处，全是"有司造样送往当州"的木塔。按照当时木塔式样，塔的平面应是方形，和现在的云岩寺塔根本不合。据现存国内遗迹，盛唐以前还没有八角塔。盛唐以后到五代初年，也只有两座单檐八角塔，就是河南登封县会善寺天宝五年（公元746年）建造的净藏禅师塔，和山东历城县唐末建造的九塔寺塔。因此我们可以说，隋仁寿间在虎丘建塔，文献上虽确凿有据，但绝不是现在的云岩寺塔。

图1　江苏苏州虎丘云岩寺塔外观

　　唐代此寺在山下剑池附近，因避李虎（太祖）之讳，称武邱报恩寺。唐末武宗李炎会昌五年（公元845年）毁佛后，寺迁至山上。到北宋至道间（公元995—997年）才改名云岩。1936年我调查此塔，从会昌毁佛前报恩寺不在山上，与此塔采用八角多层砖构仿木塔式样，即疑心它建于五代北宋间，可是文献方面一直没有找到确实证据。去年秋天，苏南文管会拟修理此塔，发现塔上的砖有"武丘山"、"弥陀塔"、"己未建筑"等数种文字，于是过去认为不能解决的问题，现在却有了一线曙光。不过苏州在五代时属钱镠的版图，钱氏仍避唐讳，故武丘山三字到五代末年还在使用。由此启示我们，此塔因毁佛与迁寺种种原因，不可能建于会昌五年以前，也不可能建于钱弘俶降服于北宋以后。在此期间，只有唐昭宗李晔光化二年（公元899年）和五代吴越钱弘俶十三年即后周显德六年（公元959年）两个己未。我们可以从当时的社会环境和塔的式样结构，来研究哪个己未比较适当。

唐末黄巢起义后，大小军阀乘机割据，钱镠即其中之一。镠据杭、越两镇，包括今浙江与江苏的东南部。但《旧五代史》杨行密传和《新五代史》吴、越二世家，载唐僖宗李儇光启三年（公元887年）六合镇将徐约曾一度攻取苏州。其后昭宗李晔龙纪元年（公元889年）杨行密又夺苏、常、润等州。到光化元年（公元898年）苏州才复为镠所有。在这十余年内，镠南与董昌交攻，西与田頵争浙西，北与杨行密混战于苏、常一带，尤其是光化二年己未，镠收复苏州不过一年，有无足够的财力营建此塔，实是一个疑问。天复三年（公元903年）镠将许再思叛，引田頵围杭州，危而复安。自此以后，战争渐稀，史称镠广城郭，起台榭，疑指天复以后二十年而言。镠死后，其子元瓘更好营建，元瓘子弘俶曾铸舍利塔八万四千具，而现存保俶、灵隐诸塔幢，烟霞、石屋、龙泓诸洞石刻，以及1924年倒塌的雷峰塔，都建于五代中叶以后至北宋初年。可见钱氏祖孙侈营宫室，以供享乐，然后提倡宗教，麻痹人民，借以巩固政权，正是一般封建统治阶级的常态。如谓云岩寺塔建于戎马倥偬的光化二年，则与当时的政治、经济环境不相吻合，恐非事实所应有。

其次，就塔的形制来说，从北魏到五代中叶，虽有不少木塔式样的多层砖石塔，但各层腰檐上都没有平座，如为日本盗去的北魏天安元年（公元466年）千佛塔，与云冈石窟内的支提塔、唐西安大雁塔、玄奘法师塔（兴教寺塔）、洛阳孙八娘墓塔、五代吴延爽等开凿的杭州烟霞洞石塔等，莫不如此。但日本奈良时期的药师寺东塔系三层木塔，腰檐上都有斗拱、平座、勾阑。这塔的式样无疑地是由中国传去的，由此可证唐代多檐砖石塔并非亦步亦趋地模仿多层楼阁式木塔的式样。可是五代中叶以后，出现了两种比较道地的木楼阁式样的多层砖石塔，把北魏以来的传统作风，又推进了一步。第一种是杭州雷峰塔和保俶塔，在砖造的塔身外面，再加木构之腰檐数层。第二种塔的腰檐、平座、勾阑等全部用砖造或石造，可以钱氏末期建造的杭州灵隐寺双石塔，和后周显德元年（公元954年）建造的河南开封相国寺繁塔、北宋庆历年间（公元1041至1048年）建造的开封祐国寺铁塔，作为代表作品。在式样上，云岩寺塔属于第二种类型，但其外檐斗拱采用砖木混合结构，又表示与第一种塔具有相当关系。所以无论从结构或外观来说，它应是这一时期的产物。

　　以上各种推测假使没有错误，则云岩寺塔应建于吴越钱弘俶十三年己未，也就是五代的最末一年，而全部完成可能在北宋初期。

塔的修理记录

　　此塔之修理记录残缺不全，如南宋建炎间（公元1127—1130年）金兀术蹂躏平江，寺塔可能受到若干损失，但文献上无只字记载，真相不明。其后经元至正（公元1341—1368年）、明永乐（公元1403—1424年）、正统（公元1436—1449年）数次重修，到明末崇祯时（公元1628—1644年）又改建第七层。关于改建这件事，去年十月我应苏南文管会的邀约调查此塔，见塔身已向西北偏斜。按理第七层之地位最高，应当偏斜最多，但事实上它仅微微倾侧，而此层位置略偏于东南，所用的砖也比其他六层稍大，砖面上并有"福禄寿"三字，与塔东侧已毁坏的明崇祯十一年（公元1638年）所建大殿的砖完全一致。因为这些原因，我推想此塔在明末以前，已向西北倾斜。崇祯间因在塔的东、西二面营建殿堂，为安全起见，将第七层移向东南少许，借以改变重心，纠正塔的偏斜。不过第七层既然重建，当时应是垂直状态，而现在却略呈偏斜，可见最近300年内，塔身仍继续向西北倾移。清乾隆间（公元1736—1795年）曾在寺西南一带建造行宫，此塔可能又被修理。咸丰十年（公元1860年）全寺被焚，沦为废墟，至清末才又恢复一部分。此塔从那时起逐渐颓毁，未加修治，以致成为今日岌岌可危的情状。

塔的概况

一、平面

云岩寺塔平面呈八角形，由外壁、回廊与塔心三部分组合而成（图2）。外壁每面各辟一门。门内有走道一段，导致内部回廊。廊以内即是塔心，在塔心的东、南、西、北四面各设一门，复经走道一段，即进至塔中央的方形小室。但第二、第七两层之小室，其平面改为八角形。就整个平面来说，北宋以前还未发现塔心与外壁分开的例子。不过全国的塔尚未调查完毕，因此还不能说这种方法就是云岩寺塔所创始的。

登临的木梯原架设在回廊内，但现在都已毁坏。据残存痕迹，知各层扶梯并非逐层更换，其位置如次：

层数	扶梯位置	扶梯井位置
一层至二层	西北面至北面	第二层北面
二层至三层	东南面至南面	第三层南面
三层至四层	东北面至东面	第四层东面
四层至五层	西北面至北面	第五层北面
五层至六层	西北面至西面	第六层西面
六层至七层	东北面至北面	第七层北面

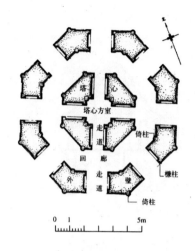

图2　苏州虎丘云岩寺塔平面

二、外观

此塔上部之刹已经倒塌，故原来高度无法得知。就现存砖造部分而言，它的总高约为第一层直径的三倍半，全体比例尚称适度。但各层高度不是有规律地降低，甚至适得其反。如第六层反比第五层高20cm，最为奇特。不过塔的直径逐层向内收进，而塔的外轮廓线则呈微微凸出的曲线。

塔身外部在各层转角处砌有圆倚柱。每方壁面又以槏柱分为三间，完全模仿木塔之结构形状。中央一间设门，上部做成壸门式样。左、右二间原都隐起直棂窗，但被后代涂抹石灰，已非原状。倚柱上端隐起阑额一层，无普拍枋。其上以斗拱承托腰檐。再上为平座，仍施斗拱。平座上原有勾阑萦绕，现已遗失。

第一层腰檐下的斗拱用五铺作双杪，偷心造。除转角铺作外，每间又置补间铺作二朵。前者用石制的圆栌斗，后者多为方形砖制栌斗，角上刻海棠纹，但也有少数圆角的。出跳华拱比例较一般稍短，而拱身较高，故斗拱的总高超过柱高二分之一，外观异常雄健。拱端用三瓣卷杀，并在拱内掺杂木骨，以辅助它的应张力。柱头缝上仅用单拱素枋，其上为向上斜出的遮椽板，表面隐起写生花。但据剥落处所示，知此遮椽板粉刷下，原有以砖隐起之支条，表面涂以红色，而写生花乃后代重修时所塑者。再上，在令拱及橑檐枋上面，仅用版檐砖与菱角牙子各二层。证以当地双塔寺（即罗汉院）宋太平兴国七年（公元982年）所建双塔，则腰檐挑出长度不应如此短促，当是年久残破，或迭经修理，已非原来形状。其原有屋角是否反翘，亦不明了。

以上是第一层腰檐斗拱的结构概况。从第二层到第四层腰檐下的斗拱，虽和第一层一样，可是第五、第六两层檐下斗拱减为四铺作单杪。第七层斗拱已不存在，据壁面上留下的空洞，显然表示不是砖制而是木构。

各层平座仍用砖砌成，其斗拱依一般常规，应较腰檐减一跳。可是此塔第二层平座仍用五铺作双杪，乃不常见之例。从第三层到第六层改为四铺作单杪，每面补间铺作依然用二朵，唯第七层改为一朵。平座表面的砖已大部凋毁，仅存转角处石条，知原来挑出颇长。

三、内部结构（图3）

此塔内部在外壁的走道两侧，均隐起壶门。走道上面，

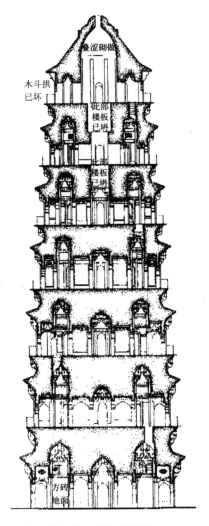

图3 苏州虎丘云岩寺塔剖面

以斗拱承托叠涩和菱角牙子构成的长方形天花。但第四层起，因高度减低，故未用斗拱。

回廊两侧，在转角处都砌有圆倚柱，并在靠外壁一面，用槏柱划分为三间。可是靠塔心一面，仅在门的两侧用槏柱，其余四面都省去。前述圆倚柱之间，在壁面上隐起阑额二层；下层位于门上，上层则与倚柱相交。除倚柱上施转角铺作外，又在上层阑额的中点置补间铺作一朵，其上施平棊枋，承托廊顶的叠涩和菱角牙子等等。不过从第三层起，塔身渐小，靠塔心一面因地位不够，未用补间铺作。

回廊的斗拱结构，第一、第二层用五铺作双杪，偷心造（图4）。第三、第四两层改为四铺作单杪，而第三层跳头上置连珠斗，尚属初见。可说在宋《营造法式》上昂制度以外，增加了一个新例。第五层只在柱头缝上用重拱素枋。第六层易为单拱素枋，都未有出跳。第七层经明末改建，虽在转角倚柱上出一跳，但形制比例和下部诸层迥然不同，足证第一层至第六层斗拱应是五代旧物。

塔心内的走道，与前述外壁走道同一结构，只是承尘（天花）下未用斗拱。

塔心小室的顶部结构颇富变化。自第一层至第三层用斗拱承托叠涩构成藻井（图5），不过藻井平面随

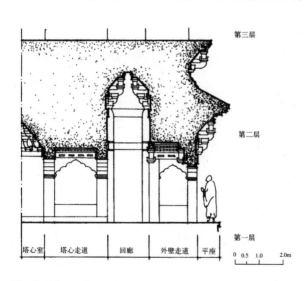

图4 苏州虎丘云岩寺塔二层剖面

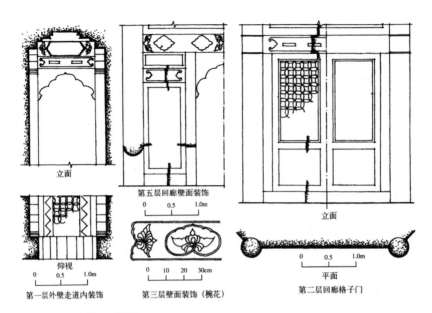

立面

第五层回廊壁面装饰

0　　0.5　　1.0m

仰视

0　　　　0.5　　　1.0m

第一层外壁走道内装饰

第三层壁面装饰（椀花）

0　10　20　30cm

立面

0　　0.5　　1.0m

平面

第二层回廊格子门

图5　虎丘云岩寺塔内部详图

室的平面而异，即第一层、第三层为方形，第二层为八角形。第四层至第六层虽都是方形，但第四层于斗拱上覆以木板，第五、第六层空无所有，疑是木板年久毁坏所致。第七层用砖造的尖形穹窿，系明末所建。

四、毁坏情况

此塔毁坏情况十分严重，据初步了解，可能有下列几种原因：

1.外在原因可分为地质与气候两个方面：

①地质方面　此塔建在虎丘山的西北角上。据发掘结果，塔的基础颇浅，并且直接建在黏土层上。其西、北面地势局促，山的坡度相当陡峻，可能因基床泥土走动，引起塔的倾斜。

②气候方面　由清咸丰十年此寺被焚，到现在已90多年，其间此塔

未曾修理过一次，致塔顶与各层腰檐受气候剥蚀相当厉害，尤以塔上原来安设刹柱的地点，因刹柱腐烂，形成一大空洞，雨雪由此下灌，使塔内各部分都受到很大影响。

2.内在原因　是由于此塔的本身结构，具有许多严重缺点所致。

①此塔基础系由上、下二部分组合而成。下层为由地平线往下铺1.75米厚之碎石层，如与整个塔体重量比较，显然太浅。上层竟利用台基部分，做0.7米厚之碎砖黄泥三合土。据肉眼观察，此三合土内似未掺拌石灰，硬度不大，而且位于地平线以上，很不妥当。

②外壁与塔心下部之砖砌体未曾放宽（即无如大方脚式之扩大），便直接砌于碎砖三合土之上，致重量分布不广，可能引起不平均下沉。

③外壁与塔心下部　以及外壁与外壁下部，均成独立状态，没有任何联系。

④外壁的门和走道太多，而各层的门、走道、回廊等，不但上下重叠，且其上部都用叠涩做成，是结构上的很大缺点。

⑤砌砖的泥浆内几乎没有石灰，亦影响了塔身砌体的强度。

⑥各层扶梯井的位置，东、南、西三面各一处，而北面增为三处，分布很不均匀。

就现状而言，此塔向西北之偏斜度虽未达到失去重心程度，可是：

①塔的西北面外壁已沉陷尺余，而东南面沉陷较少，表示系不平均下沉。

②由于不平均下沉，各层回廊的地面均发生裂缝，高低不平，也就是外壁与塔心业已分裂。

③塔身除倾斜外，中部数层并向西北弯曲。

④各层外壁壶门上出现了不少裂缝，尤以西面的门为甚，自下往上有贯通裂缝，最为严重。

⑤第七层外壁转角处有长裂缝数处，致一部分外壁成孤立状态，而

北侧外壁已倒毁一段。

所有这些现象，都表示此塔已接近崩溃阶段，如不设法抢修，恐有倒塌危险。

内部装饰

如前所述，此塔系模仿木塔式样，在内部壁面、平顶等处，隐起柱、枋、斗拱、天花、藻井等等。可是砖面上不能采用和木建筑同样的装饰彩画，于是以石灰粉出各种花纹，并用红、白、黑三色做成简单明快的刷饰。无疑地这是一种卓越的创作，由此可以看出我国古代匠师们处理新材料和新做法的艺术才能。这些装饰虽经后代多次修理，仍有一部分保持宋代作风。因此，除了它本身的历史价值和艺术价值以外，对今后砖石、水泥建筑的装饰，也可给予若干启示。兹分阑额、斗拱、天花、藻井、壁面等项介绍如后：

一、阑额

内部阑额上的装饰共有六种形式：

第一种在阑额表面粉出微微凹下的长方块六个，阑额表面刷土红色，凹下部分刷白色，全体色调颇为鲜明朴素，给人以很雅致印象。不过白色的数目，比宋《营造法式》彩画作制度丹粉刷饰所载的"七朱八白"少两个。但北魏中叶开凿的山西大同云冈石窟，其中部第五洞外室东壁上部的阑额，只雕凹下的长方块四个。而此塔外壁走道内的阑额则仅有二个，塔心走道的内额又为四个。可见"白"的数目，可依阑额长短，随宜增减，"八白"的名称，也许是指最大的数字而言。

此种刷饰又见于云南安宁县元代建筑的曹溪寺大殿。似乎宋、元时期使用相当普遍，但至明以后便不多见。

　　第二种在内额的上、下缘各粉凸起的边框一道，延至两端做成如意头，再在内部做凹下的长方块六个。边框和如意头刷白色，边框内刷土红色，但凹下的长方块仍为白色。

　　第三种用交叉的椀花代替如意头，内部再置凹下的长方块两个。按宋《营造法式》五彩装与碾玉装、豹脚诸图，也绘有椀花。不过此塔的椀花是浮塑性质，构图比较简单。颜色与前二种相同。

　　第四种内额表面所粉外框与椀花和上述第三种相同，但框内隐起壸门一个，它的内部再塑以交叉的椀花。此种壸门曾见于江苏江宁县栖霞寺唐上元三年（公元676年）明征君碑的碑侧下部，和南宋绍兴二十六年（公元1156年）杭州六和塔内部的砖制须弥座，知是唐、宋间江、浙一带常用的装饰题材。

　　第五种用椀花和罗纹配合，就是阑额表面没有上、下边框，仅在两端各隐起椀花一组，其间施微微凹下的罗纹四个，但也有于阑额中段再加椀花的。

　　第六种也没有边框，只在阑额上隐起壸门一排，内部再塑交叉的椀花。

　　以上各种花纹虽见于宋《营造法式》及唐、宋遗物中，但壸门的轮廓与椀花的构图描线，和杭州六和塔的砖刻十分接近，不像建塔当时遗留下来的。是否系南宋重修时之作品，须待证物续出，互相比较，才能决定。

二、斗拱

　　塔内斗拱的刷饰已经多次修理，有些竟全部刷白，但另外一部分还保存着红、白相间或红、黑相间的做法。例如第一层回廊上的栌斗虽都涂土红色，但华拱与泥道拱的拱身、拱端、拱底等却红、白相间。就是泥道拱的拱身如涂土红色，拱端与拱底涂白色，则邻接的一朵泥道拱拱身涂白色，拱端与拱底涂土红色。不但拱的左、右方向互相掉换颜色，上、下方向也是如此。又如令拱的交互斗如涂土红色，两侧的散斗就涂白色。邻侧的令拱则交互斗涂白色，散斗涂土红色。至于斗拱的轮廓未阑界缘道，虽与宋《营造法式》所载不合，可是北宋初年建造的敦煌石窟等427窟的外廊，斗拱施绿色的斗。而元、明两代重修的山西大同华严寺薄伽教藏殿内的教藏彩画，其齐心斗和散斗全部涂金。可证斗拱用单色不算特殊的例子。

斗拱柱头枋与平棊枋都涂土红色。拱眼壁内隐起如意头，凹下部分涂土红色，其余为白色。

第二层回廊上的栌斗采取红、黑相间的方式，可是各层的拱，不间红身黑端黑底，或为黑身红端红底，只是上、下相邻的拱掉换颜色，左、右方向并不掉换，和第一层不同。又此层的交互斗和散斗在黑缘道内涂土红色，而第三层的散斗则在黑缘道内涂白色。这种庞杂现象，正说明此塔经过多次修理，其中阑界缘道的斗拱刷饰数量甚少，可能是年代较早的一种。

三、天花

此塔外壁和塔心的走道之上，用叠涩和菱角牙子多道承托长方形的天花一块。天花内的纹样，有如意头、球纹、椀花、罗纹、团科五种。不过罗纹的轮廓又有方形与菱形二种；而团科的排列，也有疏密不同的区别，其中较疏的一种，每隔一个团科，再加罗纹外框。如予仔细分析，可有七种不同式样。

这些花纹的色彩，叠涩和菱角牙子一般采用红、白相间的方法。但线脚过多时，则用红、白、黑三种颜色互相间杂。其中菱角牙子都涂白色，其上叠涩的底面涂土红色，自下仰视，前者的轮廓显得特别清楚。天花内的球纹涂土红色，凹下部分涂白色，很是鲜明夺目。其余凸起的椀花与罗纹都涂土红色，地涂白色。均用同一原则。但较密的小团科在白地上用红、白相间的色彩，而较大的团科，则地与团科用红、白相间的方法。

四、藻井

塔心小室的藻井结构可分为三种：

1.第一层小室平面呈正方形，在四隅砌倚柱，柱上置栌斗，各出平面45°的华拱二跳。第一跳偷心，第二跳施令拱与平棊枋，构成方形井框，再在内部用叠涩做成简单的八角形藻井。

2.第二层此小室之平面改为八角形，不施倚柱。仅在内额转角处各置栌斗一具，斗上出华拱一跳，直接承托平面为八边形的平棊枋与藻井。

3.第三层至第六层之塔心小室，又改为正方形平面，但因面积缩小，四角倚柱上仅出华拱一跳。至于平棊枋以内部分，仅第三层用砖叠涩，第四层用木板，第五、第六层木板已毁。

五、壁面

第二层塔心西南与东北二面壁上，在倚柱与倚柱之间，隐起格子门各二扇。每扇的宽与高，约为3：7。除格子与障水版外，未施腰华版。格子与障水版的高度比，为7：3。就比例而言，其格子部分较清式槅扇的花心略高。桯与腰串均未起线脚，即《营造法式》卷七·格子门中所载"素通混做法"。上部球纹格子周围附有子桯，球纹与子桯、腰串等概涂土红色，球纹间凹下部分涂白色。全体形制与《营造法式》卷三十二·挑白球纹格眼一图十分类似，可能是宋代遗物。

各层回廊壁面的阑额、由额之间，以及斗拱间的遮椽版，都隐起写生花，可是枝叶构图与外檐的写生花如出一手，很像明代作品。唯第五层塔心壁面上，塑有太湖石一块，绕以六角形平面勾阑，据勾阑形制，它的年代也许较早，不过准确年代尚难决定。

　　此外，回廊的倚柱与由额相交处，往往饰以椀花、壶门。而外壁走道内的柱头枋和上部壁面，则粉以如意头、球纹、椀花、壶门等等，因构图与前述阑额、天花没有多大差别，于此不再赘述。

（此文发表于《文物参考资料》1954年第7期）

河北涞水县水北村石塔

出涞水县北门经过东租、西租二村，远远望见西北一带丘岗起伏，和易县的泰宁山遥相连接，可是山势却异常平缓，自然无易县诸山巉崖插天森森可畏的景象。从南、北涧头，绕到石龟山的东北麓，达到水北村。顺着村南清水河，一直往西，渡过小桥一座，地势逐渐增高，约莫走了半里路光景，见南侧山坡上，建有正方形石塔一座，就是本文所述的唐玄宗先天元年（公元712年）石塔。

塔东向，外观单檐四注，体积很小，除去正面的拱门两侧雕刻有金刚二躯（图版15a）以外，并在内部壁面上，浮雕佛像十余尊，可知当时此塔为兴福供养而建的成分，实占据多数。故与其称为"塔"，不如称为"龛"较为适当。然而塔身上唐先天元年所刻的铭文，又明明说"敬造石宝塔一所"，所以本文也只有沿用原来的称呼，不便强予改正了。

关于塔的历史，除塔本身留下一部分铭刻以外，各种方志中，简直无只字记载可考，然而以常理揣度，此塔建立当时，绝无孤立旷野中的道理。但是塔的附近，现在并无寺院建筑与碑碣一类的遗物可供参考。故本文对于塔的渊源问题，只得暂时保留，仅先就塔本身的式样、雕刻和年代、铭记等等，加以讨论。

外　观

塔的外观由台基、塔身、塔顶和塔刹四部分组合而成（插图33）。

台基：

塔的台基，系用整块巨石直接安放于地面之上。现在因为四周麦田已经蚕食到塔的附近，致使塔基岌岌可危，亟待修理。此基石因受长期气候的凌砾，其北侧与东南角业已剥落不少，幸南侧还比较完整，可以看出原来形状为叠涩式阶基三层（图版15b）。

塔身：

塔身结构为每面仅用十二厘米厚的石板一块，至角以Square Joint（平头结合）拼合起来，异常简单。塔身表面除朝东的正面雕有塔门和金刚等外，其余三面几乎遍刻功德题名。门的比例，系高宽相等的正方形（插图33），与后来宋·李明仲《营造法式》所载的版门·乌头门制度，恰相符合。也许李书所载，即是唐制的延续。门的左、右、上三方雕有简单线条，殆表示门框之意。在门的下部，很忠实地雕出门限和门砧，疑从前曾装有门扉，但是门限向中点斜凹，两端近门砧处又各凿方洞一处，却不知是何用意（图版15a）。

　　门上浮雕的尖拱，只在外缘内镂刻线条一道或二道，未施联珠，形制十分简洁。拱的尖端仅雕兽首一具，在唐代遗物中，总算保存了较多的北齐手法。不过拱的下端，在北魏、北齐许多遗迹中，或用简单的旋涡文，或用忍冬草，或用龙、凤一类的装饰，手法异常自由。而唐代则用忍冬草者占多数，此塔即其一例（图版15a）。

　　门左、右两侧所雕二像，下部均承以浮雕的崖石。北侧者身着介甲，脚下踏有一兽（图版16c）。南侧者半裸体，自腰以上和自膝以下，俱露出隆起的筋肉（图版16d）。此二像即热金刚神（简称金刚），也就是仁王尊（简称仁王或神王）。因为在释籍中，金刚和仁王本来就是同物异名。如河南安阳县宝山灵泉寺隋开皇九年（公元589年）开凿的大住圣窟，其门外二像，一题"那罗延神王"，一题"迦毘罗神王"。而那罗延即是梵王，在《大宝积经》内，又称金刚力士。故《佛学大辞典》释为：

　　"仁王尊或作密迹菩萨，密修力士，执金刚神，那罗延金刚，寺门左右所置之阿、吽二像也"。

　　此外，唐高宗咸亨三年至上元二年间（公元672—675年）开凿的洛阳龙门奉先寺（俗称"九间房"），除去主要的卢舍那佛、二菩萨及迦叶、阿难以外，复雕凿四像分立南、北二面。每面靠西边的一尊，皆作武士装束，足踏鬼类。其余二像，则系半裸体、赤足（图版17g），与此塔所雕的大体符合。但是《大卢舍那像龛记》仅笼统说"金刚神王各高五十尺"，并未指出四像之中，孰为金刚，孰为神王。

　　关于金刚的形制、服装和所持武器，可以追溯到云冈中部第四洞和第五洞的雕刻。第四洞者，雕在内室入口两侧，可惜现在大部毁坏，仅余头部与右手所持之叉。第五洞者作武士装束，位于内室门罩两侧，一手挽戈，一手持剑，左右相向，完全取对称形式（图版17a）。其后宝山大住圣窟隋开皇石刻（图版17b），即以此种姿势为基本概念，而局部雕饰则更加写实。此外不着武士服装的，在北魏末期亦有二例：一为龙门西山北部第三洞（即潜溪寺宾阳洞）门外北侧者，左手执金刚杵，衣装服饰与洞内的其他佛像类似（图版17c）；一在巩县石窟寺第四洞门外东侧，左手柄剑，神情古朴，很有汉石刻余意（图版17d）。但是后一类的金刚，在隋、唐以后尚未发现过；金刚杵和叉、戈三种持物，亦未见于唐代雕刻中。

半裸体的金刚，产生比较稍晚。最早的例证见于龙门西山南部第二十一洞。此洞具有北魏孝明帝正光四年（公元523年）和孝昌二年（公元526年）、三年（公元527年）铭文数种。所雕金刚位于洞内南、北二面佛龛的两侧，皆未着上衣，且在飘曳的裙褶内，露出裸腿，乃过渡时代极重要的证物（图版17e）。其次则为河北省磁县南响堂山第七洞门外两侧的金刚，一手持剑，上身和腿部，俱皆裸露，姿势权衡，异常雄浑（图版17f），后来天龙山和龙门许多隋、唐同类的作品，虽大都祖述此种式样，但筋肉的表现却未免过于虚矫紧张。

此外尚可注意的，即唐以前的金刚，很少在同一建造物内发现两种式样不同的服装。唯唐代遗物中，才有着介甲的与半裸体的各占半数的现象。不过开元九年（公元721年）建造的河北房山县云居寺小西天中台石塔，却是一个例外。

塔顶：

塔身之上未施斗拱，仅仅用扁而宽的檐椽和飞子各一层向外挑出。在断面上，檐椽保持水平形状，飞子前端则略向上反翘，二者的水平长度约为四与五比例（插图34）。其排列方向俱与塔身成90°角度（插图33），和河北省定兴县石柱村北齐天统末年建造的标异乡义慈惠石柱，及日本飞鸟时代的木建筑完全一致。角梁亦为二层，但仅仔角梁前端镌刻兽头（图版16a）。

檐端反翘的形状，在檐部中央部仍使用直线，至两端最末的二瓦垄，才微微翘起（插图33）。瓦垄排列的间隔比较疏朗。瓦当表面雕六瓣莲花纹，乃南北朝、隋、唐间惯用的式样。勾滴上、下缘采用平行曲线，也是当时极通行的方法，同时也就是清代花边瓦的前身。垂脊前端所雕兽已大部磨灭；再前饰筒瓦二枚，瓦之前端，向上微仰（图版16a），俱与北齐标异乡义慈惠石柱及开封河南博物馆所藏的隋开皇二年（公元582年）石刻一一符合。依据以上三种证物，我们可以推测南北朝末期至唐中叶一百四十余年间，河北、河南一带的屋顶瓦饰并无很大的变迁。

塔刹：

塔顶上的塔刹，为先在石造塔顶上安放九厘米厚的方砖一块，不与其余各部分所用的材料调和，很像后代修理时换置的。方砖之上施有石质的山花蕉叶（图版16b），其比例笨重，描线古拙，远不及塔内佛像雕刻的精美。可是花纹轮廓与房山县云居寺唐景云、太极、开元年间所建的诸塔，并无二致；并且在山花蕉叶之上，施有和云冈石窟内浮雕的刹，极相类似（插图33），故此部决为当时建造的原物。覆钵中央，留有直径28厘米、深20厘米的圆孔一处，自此以上，已完全毁坏。但依据社友艾克博士所调查的房山县云居寺小西天中台石塔（图版19d），似乎在覆钵上面，应有宝瓶形状的刹，而宝瓶表面还浮雕表示相轮意义的线道二层。也许前述覆钵上面的圆孔，就是装设此项宝瓶的榫眼了。

内　部

塔内的雕刻，在正面壁上浮雕一佛二菩萨像（图版18a），虽然面部业已毁损，但如与同时代的云居寺诸塔比较，则此塔中央一像，更显得全体构图和各部分权衡比例，都异常清秀简洁。尤以略近平行线的湿褶式衣纹，能在流畅的线条中，保持刚劲的作风，极为难得。下部的须弥座，在莲瓣上施地栿、叠涩，与刻有壸门式花纹的束腰。束腰以上，仅仅施仰莲一层，便直接雕刻佛身，也与龙门石窟中许多唐代佛座同一手法（图版3a）。

此三像的上面又雕有小像二尊，其一侧身左，微举一手；另一尊双手前伸，身躯向后微仰，婉妙灵活，栩栩如生（图版18a）。又南侧壁面上，浮雕菩萨一、供养人物三（图版18c）；北侧菩萨一、侍像二（图版18d）；其中菩萨的姿势，婀娜自然，带有很浓厚的写实作风，而线条则已达到愈简单愈圆熟的境界，不失为唐代浮雕中的能品。

上部之覆斗状藻井，四周使用斜面，至中央覆以平顶，完全袭用敦煌、天龙山等处石窟的方法。

铭　刻

塔外部壁面上，镌刻施造僧俗人名极多；其中关于此塔的建造缘由，则刻在塔正面的尖拱上面，原文如次：

"奉为大唐皇帝皇后，七代存亡，遍及□□，敬造石宝塔一所，普遍供养佛。"

"□□寺僧智满、比丘僧令监、魏英武书撰，郑县禅通寺僧□臣。"

在尖拱的北侧又有文字如下（图版19a）：

"易州涞水县逎亭乡水东邨并诸方道俗等，同心奉为国主、帝主、师僧、父母，普沾法界，敬造石宝塔一所。先天元年八月八日建立。"

"逎亭乡首望刘定国供养。都匠马龙，山匠王忠言，匠马□七，□像匠宋文国、像匠□守贤等供养。"

根据以上铭刻，知此塔系唐玄宗先天元年（公元712年）八月，涞水县逎亭乡刘定国和诸方僧俗为国主帝主师僧父母祝福而造的。按是年本为睿宗太极元年，至七月壬午，始传位玄宗，改元先天。此塔建立约在改元后一月，所以铭文中所刻的年号与史籍所载适相符合。又自高祖起，历太宗、高宗、武后、中宗、睿宗至玄宗共计七主，故有"七代存亡"之语。可是塔身遍刻僧俗施主的姓名乃无一语说明此塔属于何寺，极不可解。

铭文中所载的匠工有"都匠"、"山匠"、"匠"、"□像匠"四种。据唐·柳宗元所著的《梓人传》："都匠"应是"都料匠"的简称，也就是总揽一切工程的首领。其下的"匠"大概指制作塔的石工；而"□像匠"则指镌刻佛像的专门工人而言。

此外背面石壁靠南面的角上又刻有：

"重熙六年（公元1037年）二月二十二日重修"十余字。知辽代中叶兴宗时，此塔曾经修理一次。不过就塔的式样和雕饰来观察，也许当时修理范围，只限于最易毁坏的刹顶一部分而已。

式样的检讨

此塔的式样，在唐代遗物中，有房山县云居寺小西天中台石塔（图版19d）和斯坦因氏（A.Stein）所著《The Thousand Buddhas Ancient Painting》内敦煌千佛崖壁画（图版19c）可供参考。前者在云居寺一大群唐中叶所建的石塔中，独它一处无年代铭刻，但是塔的形制和细部雕饰，几与此塔一点不差，毫无疑问可决为盛唐遗构。后者在正方形木建筑的屋顶上面，再加刹杆、相轮，显然与前述云居寺石塔同自我国亭式建筑演变而成。至于形制以外的建造意义，此木建筑极似一种小型佛堂，与日本奈良时期法隆寺梦殿属于同性质的建造物。而本文所述及的水北村石塔和云居寺石塔，都在内部雕刻佛像，是以兴福供养而建造的成分居多。故不论其为木造的佛堂，或石造的佛龛，它们的外观、用途和建造的意义，都是在同一概念之下发展出来的。

以上系就唐代单层单檐亭式塔的遗物来讨论，如果根求此类塔的形制和雕饰题材的来源，不能不追述北魏中叶以来的墓塔和其他北齐石刻的式样。不过此项墓塔的产生经过，著者等在本辑概说内业经讨论过一次，此处不必再提。单就北魏以后的演变来说，现在国内遗物，要以云冈中部第二洞支提上层四隅方塔的四隅小塔（图版2h），和中部第九洞的浮雕（图版2i）年代最古。它们的特征，系在方形塔身的四面镌刻圆券门，其上施水平横板，板的两端雕有山花蕉叶，类似希腊殿堂上的Acroterion。再上施覆钵、宝匣、山花蕉叶、相轮、宝珠等所构成的塔刹。此种式样虽然在后代还可发现，但是具有东魏武定二年（公元544年）造像铭文的山东历城县神通寺四门塔①（图版10b，插图30），已经用叠涩式的出檐和反叠涩式的四注塔顶，代替水平横板及半圆形的覆钵，似已暗伏下后来改用中国式瓦葺塔顶的动机了。果然在天龙山初唐开凿的西部第四、第五两洞之间，有摩崖墓塔一座，使用了我国反宇式的塔顶（图版19b）。故就形制上的演变来说，自北魏墓塔的浮雕，经过一度修改，变成东魏的四门塔，到唐初——也许事实上比此稍早，再受到中国式建筑的感化，遂产生涞水、房山等处单层单檐亭式塔的式样。

至于塔身门拱及佛像、藻井等等局部手法的意匠和布局，令人联想到在时间上仅早百六十余年的山西太原天龙山石窟。此一群石窟内，年代最早的是东部第一、第二、第九等窟，系北齐所建。石窟的正面，多数设有走廊。廊内中央，雕有尖拱式入口，两侧镌刻金刚各一尊。门内开凿略近正方形的小室一间，壁面上镌刻佛像，上部覆以周斜中平的覆斗状藻井。它们虽与本文所述的水北村石塔，体积大小殊悬过甚，但

---

① 整理者注：山东历城神通寺四门塔已被确定建于隋大业七年（公元611年）。

除去前部走廊以外，它们的平面配置和佛像、藻井等等的区布方法，却能大致相同。故可知构成此塔塔身的基本观念，在南北朝末期早已成立了。

此外塔身正面门洞上浮雕的尖拱、兽首和门两侧的金刚二像，又与Törg Trubner氏携归欧洲经Otto kummel氏发表的三件北齐石刻（图版19e）十分接近。此石刻的尖拱与拱上的龙、兽首和肥硕的莲花纹，以及门旁的金刚、狮子等等，无一不与南、北响堂山雕刻同一形态，足证确系北齐作品。由此证明水北村石塔的façade，完全遵循北齐以来的方式而未曾改变。只可惜此三件石刻的顶部，现在均已遗失；拱门内的情状也无法推测，否则大可断定此类小石塔在北齐业已产生了。

（此文于2006年在北京中国文物研究所库房中被发现，同时还有《河南济源县延庆寺舍利塔》、《定县开元寺塔》、《苏州罗汉院双塔》等文稿，均系刘敦桢先生在1936年前后的著作。而梁思成先生的《山西应县木塔》原稿也同时再现于世。据整理者考证，它们都属于中国营造学社准备刊行的学术专集《佛塔》的内容，后因抗日战争爆发而未及最后杀青及刊行，并导致文稿长期失踪。这次它们重见天日，乃是建筑史学界中的一大幸事，其重要意义自不待言。为此，特对大力协助并无私提供上述影印稿件的中国文物研究所张廷皓所长、杨新、查群女士和刘志雄先生等有关人士，致以最衷心的感谢。

由于若干尚未得知的原因，本书中最后四篇稿件所附的插图和照片大部现已无从觅得。为了保持文稿原貌，除了将残存之若干插图刊出外，对文中之其他图版号及插图号仍予保留，希望它们能够在日后被发现，并再行补入，以成完璧。）

江苏吴县罗汉院双塔

弁 言

罗汉院在江苏吴县城内定慧寺街路北，现在改为县立双塔小学校，所有校内的教室和其他附属建筑，都是晚近修盖的。东北角用砖墙和竹篱包围着的一区内，存有砖塔二座和矗立草丛中的石柱，才是宋代遗物。可见此寺自零落荒废以后，曾经过若干时期，然后再由瓦砾蒿莱变为弦歌之地。寺的名称据文献所载，自唐末咸通间创建以后，仅仅百余年间有般若寺、罗汉院和宁寿万岁禅院三种不同的称呼。其后之公私记载，或称为万岁院或称为寿宁寺，或因有双塔的缘故，迳呼为双塔寺。

然而双塔的建造，实在罗汉院时期之内，为切合事实起见，本文仍称它为"罗汉院双塔"。

双塔的外观、平面除去无关宏旨的小部分以外，此二座建筑全在同一形式与同一尺度之下建造出来的。故本文为叙述方便起见，一切尺寸暂以西塔为准。但东塔局部手法与西塔未能一致的地方，文中亦一一标出以存真相。

著者第一次调查双塔，是在民国二十四年（公元1935年）八月中旬。九月中复偕中国营造学社社友梁思成、卢树森、夏昌世三先生作第二次考察。其后遗漏部分，曾托张至刚君代为补勘；各项制图，则由本社研究生陈明达君担任。可是双塔虽经著者等数次勘查，对于塔下部的台基和罗汉院伽蓝配置等等，却还有许多怀疑莫释的地方。而此类问题，又非待大规模发掘之后，很难得到正确结论，所以只有留待将来再来解决了。

罗汉院及双塔的略史

罗汉院历史，据《姑苏志》[1]、《图经续记》[2]、《吴郡志》[3]、《苏州府志》[5]及宋·龚颐正所撰的《寿宁万岁禅院给常平田记》[4]，知系唐懿宗咸通年间（公元860—873年），州民盛楚等所建立的。寺名初称般若寺，到五代吴越钱氏时（公元907—978年），改为罗汉院。其后北宋太宗雍熙年间（公元984—987年），有王文罕兄弟施造砖塔二座，东西对立，一称舍利塔，一称功德舍利塔，即是本文所述的双塔。

双塔的建造年代在前引五种文献里面，有两种未曾提及[2,3]，其余三种则称为北宋雍熙年间所造[1,4,5]。而此三种内，又以南宋光宗绍熙三年（公元1192年）龚颐正所记的为最早。可是著者第二次调查时，夏昌世先生在西塔第二层东北面素枋上，发现南宋高宗绍兴五年（公元

1135年）墨笔题字。而著者与梁思成先生复于西南面素枋上发现同样题记，内有：

"双塔乃太平兴国七年（公元982年）岁次壬午建……至今绍兴乙卯（五年，公元1135年），一百五十三载。"

与前述各种记载不符。

以年代计算，"太平兴国七年"与"雍熙中"虽然相隔不远，但对于双塔的历史，究竟是一件不可忽视的矛盾。据著者的臆测，自太平兴国七年到雍熙元年，只有两年。到最后的雍熙四年也只有六年。依工程繁简来判断，双塔规模不大，也许工程开始于太平兴国七年，到雍熙元年或二年，即已落成。因原文"雍熙中"的"中"系泛指雍熙元年到四年而言。虽未尝不可释为雍熙四年，但从工程立场来说，似以元年或二年较为合理。也许前述两种记载，一指始工年代，一指落成年代，所以未能一致。

罗汉院自王文罕兄弟建造双塔以后，到太宗至道中（公元995—997年），又敕赐御书四十八卷，改名万寿禅院[1]。不过《图经续记》称至道九年赐书，二年改变院名[2]。而《宋史》太宗本纪，至道年号仅仅只有三年，即由真宗改元。并且原文九年之下，接以二年，文义也不连贯。无疑地，九年乃元年的误植。其后真宗大中祥符年间（公元1008—1016年），此寺的子院——西方院——独立自成一寺，称为定慧禅院[6]。但是《姑苏志》又说此事在真宗天禧中（公元1017—1021年）[7]，不知孰为正确。

南宋高宗建炎四年（公元1130年）金兀术破平江（即今苏州），大肆焚掠，据徐大焯《烬余录》所载，实为当地有史以来未曾有的浩劫。此寺二塔在当时似乎也被波及，但经比丘惠先等九人募修，于绍兴五年（公元1135年）全部工竣。现存西塔第二层内部东北、西南二面素枋上，有墨笔题字二段，记述此次的修葺功德。原文每行五字者占据多数，但亦间有二字或四字一行（图版29a），除去剥落不清者外，共存一百四十字。只可惜此项墨迹，年久风化，一经触手，便即刻化归乌有。目前恐怕另无妥善保护的方法了。

东北面素枋题字：

"大宋国平江府长洲县□元碑蒋□□□□弟子卫□寿、□□八娘、男□□与家眷等，□心施钱□□塔第二层井口功德，保扶家眷庄严福智，成就菩提，绍兴乙卯题，宋都绅陈明。"

西南面素枋题字：

"双塔乃太平兴国七年岁次壬午建□王氏□一方所□，至今绍兴乙卯，□□一百五十三载，缘金□□城寺宇□□唯北二□□□□□比丘师□惠先等九人努力募缘，次第修整。时绍兴五年岁在乙卯三月十三日。同修□塔比丘□□□文上用记岁月矣。刊字比丘□□。"

前项题字内可注意的事项：（一）双塔建造年代，确是太平兴国七年。（二）绍兴五年的修理，适在金兀术破平江之后，很像当时此寺曾受相当的损失。（三）题字地点，恰好在西塔第二层素枋的表面。依结构言，此素枋位于内檐令拱之上，即清式的井口枋。而题字内又明白说是"井口功德"，顾情思义，原文"施钱□□塔第二层井口功德"，也许可释为"施钱造西塔第二层井口功德"。如果此种解释并无大谬，则此素枋附近的斗拱，和楼板的一部或全部，有惠先等募缘修补的可能。

双塔自绍兴五年修治以后，经过五十余年，到光宗绍熙中（公元1190—1194年），提举徐谊曾拨给常平田[1, 4]，故此寺又改为提举常平祝圣道场。可是其后理宗嘉熙中（公元1237—1240年），及明永乐八年（公元1410年）二次重建记录[1, 5]，文献上所载的资料过于简略，而嘉熙中释妙思所撰的碑记[1]，现在又已佚亡，故对于当时工程范围，无从判断。不过依现存双塔形制，和绍兴五年题字来推测，此二塔决非嘉熙、永乐间重建之物，极为明显。如果"重建"非"重修"之误，似乎《姑苏志》所述的，系指双塔以外的建筑而言。

明世宗嘉靖元年（公元1522年）秋季，巨风忽吹折西塔的相轮，其余榱题，也因年久倾落不少。经过三十余年的长时间，到嘉靖三十九年（公元1560年），有马祖晓者始为修复；同时并严饰东塔和大殿，书金字梵经，置塔顶为镇[8]。万历中，大殿和佛像渐次毁圮，高文口发愿修葺，未成先死。其子科选、科口继之，至万历四十二年（公元1614年）完成[9]。崇祯六年（公元1633年）塔又毁坏，九年修复[10]。

清康熙十五年（公元1676年）唐尧仁捐建天王殿及方丈、禅堂[5]。乾隆间，东塔相轮毁败，《府志》仅说道光间重修，而未记载确实年月，现在根据西塔覆钵上铸的铭记，有：

"道光二年

四方大吉

寿宁寺

无锡许和记铸"

计十余字，知此事属于道光二年（公元1822年），且修理范围包含西塔在内，可补《府志》的缺漏。咸丰十年（公元1860年），寺被兵火所毁，只剩二塔一殿[5]。按《东华录》，是年四月，太平军破苏州，大约此寺的破坏就在此时。同治中，军事平定，僧徒凡曾稍加修葺[5]，但未恢复旧观。现在寺内的建筑除双塔和大殿石柱以外，其余业已全部摧毁。而东塔的相轮又已倾斜，急待修理。塔南一带，近由县立双塔小学校建造教室二座及其他附属建筑物，塔西则辟为操场。可是由此寺分出的定慧寺，依然健在。二者对照，幸与不幸，真有云壤之别。兹将文献和遗物中关于此寺的沿革，表列如次：

唐	懿宗咸通间	公元 860—873 年	盛楚等创建般若寺[1, 2, 4, 5, 8]
五代	吴越钱氏	公元 907—978 年	改名罗汉院[1, 5]
宋	太宗太平兴国七年	公元 982 年	王文罕兄弟建造双塔（见西塔第二层题字）
	太宗至道元年	公元 995 年	赐御书四十八卷[1, 2, 4, 5]
	太宗至道二年	公元 996 年	改名寿宁万岁禅院[1, 2, 4, 5]
	高宗建炎四年	公元 1130 年	金兀术破平江，塔一部被毁（见西塔第二层题字）
	高宗绍兴五年	公元 1135 年	比丘惠先等募修西塔（同前）
	光宗绍熙中	公元 1190—1194 年	寺为提举常平祝圣道场，提举徐谊给常平田[1, 4]
	理宗嘉熙中	公元 1237—1240 年	重建（范围不明）[1, 5]
明	成祖永乐八年	公元 1410 年	僧本清重修（范围不明）[1, 5]
	世宗嘉靖元年	公元 1522 年	西塔相轮吹折[8]
	世宗嘉靖三十九年	公元 1560 年	马祖晓重修双塔及大殿[8]
	神宗万历四十二年	公元 1614 年	高文口修大殿及佛像[9]
	思宗崇祯六年	公元 1633 年	双塔圮毁[10]
	思宗崇祯九年	公元 1636 年	修双塔[10]
清	圣祖康熙十五年	公元 1676 年	唐尧仁捐建天王殿、方丈、禅堂[5]
	高宗乾隆中	公元 1736—1795 年	东塔相轮毁[5]
	宣宗道光二年	公元 1822 年	修理双塔（见西塔覆钵铭记）
	文宗咸丰十年	公元 1860 年	太平军破苏州，寺被毁[5]
	穆宗同治间	公元 1862—1874 年	僧郐凡小修[5]

双塔制度的检讨

我国双塔制度，在记录上，当以南齐明帝建武永泰间（公元494—498年）所建的建康（即今南京）湘宫寺二塔为最早。《南齐书》卷五十三·虞愿传称：

"明帝……以故宅起湘宫寺，费极奢侈。以孝武庄严刹七层，帝欲起十层，不可立，分为两刹，各五层。"

照文义解释，湘宫寺塔系因十层塔太高无法建造，乃改为五层塔二座。如果双塔制度，就因此种技术上的问题而产生，则它与佛教教义，实无任何关系。不过此项记载，并无别种旁证，而南齐以前，是否已有此种方式，亦难逆定。所以双塔的产生时期，和它出现的真正原因，不是今日所能断定的。至于湘宫寺二塔的位置，是否如罗汉院的双塔东西对立，抑如明太原永祚寺采取一前一后的配列法，现在也无法穷究。其后又有唐·段成式《酉阳杂俎续集》卷六所载的长安城中寺院双塔：

"翊善坊保寿寺，本高力士宅，天宝九载（公元750年）舍宅为寺。……二塔天珠受一斛余。"

也十分简单。但是日本奈良时代的遗物中，却有药师寺东、西塔，建于天平二年（公元730年）。东大寺东、西塔，建于天平胜宝五年（公元753年）。此外还有宝龟十一年（公元781年）所绘的《西大寺伽蓝图》（插图45），年代都与盛唐相当。我们知道日本奈良时期的建筑，曾受我国唐建筑的启迪，所以推想双塔制度，在唐代佛寺中一定占据相当的数目；同时双塔的位置，也必是东西对立的。只可惜唐代此类建筑无一存在，直到五代和北宋初期，江、浙二省内才有实物可供参考。

现在我们所知道的遗物中，除此寺以外，还有杭州灵隐寺和浙江萧山县祇园寺二处。前者石造，后者砖造。就年代言，此寺与灵隐寺二

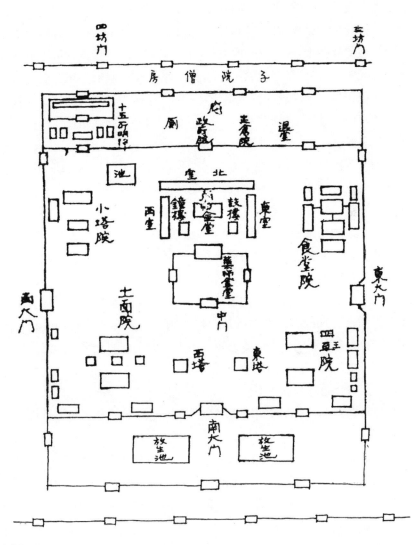

插图45

塔，都是北宋初年所建。祇园寺二塔据社员刘致平君所述的，不但门窗、斗拱与出檐结构和此寺双塔异常类似，并且塔的下部，还嵌有碑石一块，载乾隆四十一年（公元1776年）西塔崩颓时，曾发现显德五年戊午（公元958年）（整理者注：于时为吴越王钱弘俶十二年，但仍沿用后周显德年号）。吴越王长舅国公吴延福兴造砖塔二座的铭记，为现存江、浙双塔中年代最早的一处。可知五代和宋初，此式塔在江南一带，曾占据相当数目。

如前所述，双塔的起源，虽非今日所能肯定。但此寺二塔，据明崇祯九年（公元1636年）《寿宁寺重修双塔记》则谓：

"塔有二，一曰：舍利塔，一曰：功德舍利塔[10]。"

似其性质与湘宫寺二塔迥然不同。因为《浴佛功德经》及《造像功德经》、《智度论》、《寄归传》等，均载舍利有二种：一曰：生身舍利，乃如来遗骨；一曰：法身舍利，亦简称为法舍利，指法藏十二部经，与《佛说造塔功德经》内所载的《法身偈》，和装有经文的香泥小塔等等而言。凡藏有后数项的塔，统称为功德舍利塔，其功效和重要性，与藏有身舍利的并无何等差别。著者去岁调查的北平护国寺，内有喇嘛塔二座东西对立。西塔题"舍利塔"，东塔因无题记，一般称为配塔。但据塔旁的碑刻，东塔建于元延祐间，内藏无数香泥小塔，当然是功德舍利塔之流。现在罗汉院双塔也是东西对立，并且据明《重修双塔记》：

"嘉靖元年（公元1522年）七月二十五日，怪风为灾，折右塔顶。……有马居士祖晓者……乃曰：……非金字梵经，不足为镇。……裹所囗字《法华》，并旧藏舍利、杂宝，秘以铜函，固以铁检，奉安峻极，永镇神基[8]。"

知右塔顶上，曾藏有舍利，明嘉靖重修时，复"秘以铜函，固以铁检"，足证崇祯碑所述，不是凭空杜撰的。不过碑文所谓"右塔"，不知指东塔抑西塔，很难得到正确的诠释。所以孰为舍利塔，孰为功德舍利塔，暂时无法决定。

双塔附近的平面配置及大殿遗迹

塔的位置：

此寺与杭州灵隐寺塔，都建于大殿之前。唯体积较大，非如灵隐寺二塔，紧接于大殿月台之前，而应如日本《西大寺伽蓝图》（插图45）建于前、后二主要建筑物的中间。——在此寺则应在大殿与中门的中间。关于此点，不能不涉及罗汉院的平面配置。

罗汉院的伽蓝平面，因遗迹毁灭的结果，现在只有两种证物可以引用。其一为塔后面的大殿故基（插图46）。另一种则为南宋绍定二年（公元1229年）《平江府图碑》内关于万岁院一部分极简略的写意画（插图4、8）。依据此种资料，对于此寺的中央部分略能窥其大概。

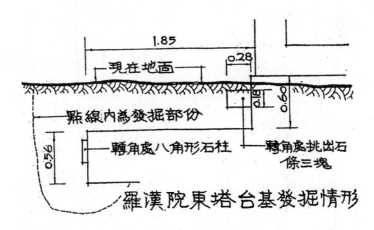

插图43

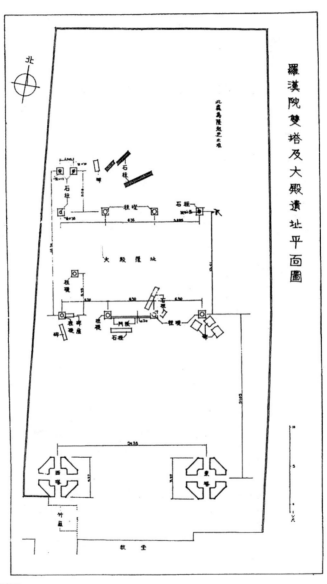

插图46

　　大殿的故基，在塔北约18米，比东、西二塔的中心距离略小一点（插图16）。其原来形状，根据现存石柱和础石的位置，可试作下列二种推测。

　　（一）大殿总面阔为18.9米，而前、后檐柱间的距离，则为18.7米，足证平面系正方形。

　　（二）正方形建筑的屋顶，依照本社已往调查的辽、宋遗物，似以九脊殿式屋顶较为合理。现在此殿在西面山柱内，相距1.63米处，尚存有石柱二根，也许就是承载九脊殿梁架用的。

　　依据以上二条，本文所载的复原图（图版24），暂假定大殿的外观，为单檐九脊殿式样。

　　对于大殿的创建年代我们不能不研究现在残存的石柱。柱分圆形、八角形，和表面刻为海棠纹的三种。

　　（一）圆形石柱二根，位于殿正面当心间，现在俱已倒塌。其础石覆盆上所雕的卷草纹（图版31c）流丽典雅，纯系宋代作风。它的形状，也与《营造法式》符合。而柱身上复雕刻卷草式莲蕖，中杂人物（图版31a、b）与北宋宣和七年（公元1125年）所建的嵩山少林寺初祖庵大殿同一手法。据王謇《宋平江城坊考》卷二引《宝铁斋金石文字跋尾》：

　　"双塔寺石柱题字，在大殿东、西两柱，雕镂精工，遍刻人物花草，为人摩挲，其光可鉴。东柱下莲瓣内题刻云：'宋宁男居厚卿、陈文炳置柱，保安家眷，庄严福惠'等二十四字。四行，行六字，正书。西柱下镌：'舍钱壹百贯文足'一行，正书，无年月姓名，与东柱题名出一人之手。楷法端劲，有颜柳风骨。相传为雍熙中王文罕建塔时所立，似属可信。"

　　可惜现在柱已倒卧地上，未能查出上项铭记，但是依雕刻式样来判断，此殿当心间二柱确系宋代遗物。

　　（二）八角石柱均未施镂刻，有殿北面当心间二柱，与西次间的隅柱，及西北角柱，共计四处。

（三）海棠纹石柱也是四处。在北面当心间的二根，现已倒仆。其未倒的二根，一在北面东次间，一在西北角（图版31e），柱身和砥都刻为十瓣。柱身下部，又刻有很优美的花草一段，雕刻刀法，浅而且平（图版31d），带有明代石刻特有风味。按此类海棠式石柱，又见于福建泉州开元寺大雄宝殿，虽不能断为北宋旧物，然最晚亦为明嘉靖万历间所换制的。

综合以上各点，此殿石柱也许经后世抽换一部，然据当心间二柱证之，殿之位置，最低限度自南宋以来即已如此。甚至如《宝铁斋金石文字跋尾》所推测的："雍熙中王文罕建塔时所立"，亦难逆知。

其次，我国佛塔的位置，依照敦煌壁画，和日本法隆寺五重塔附近的平面，以及《酉阳杂俎》所述的唐代的塔，大多数都位于塔院之内。此寺双塔既建于离唐代不远的北宋初期，所以猜想塔的四面当时也应有走廊，将大殿与中门联紧起来，成为塔院的形式（插图47）。本文的图版24，即参酌上述各例与大同辽善化寺拟定的。

不过双塔南部，自塔的东西一线至定慧寺街

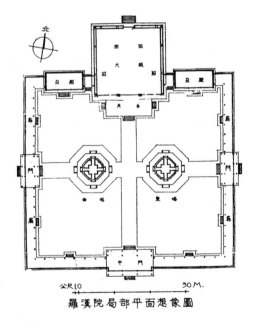

羅漢院局部平面想像圖

插图47

的一段，约为塔与大殿距离的二倍，其间也应有其他建筑，才与实际切合。果然《平江府图碑》中标明万岁院的一部分（插图48），最南端有类似山门的三开间建筑一座；门内排列东西二庑，其北复有一建筑——也许是中门，自其屋顶上面，露出双塔的一部；唯塔北的大殿，则略而未载。虽然此图不是纯粹写实作品，但是依照现在双塔与定慧寺街的距离来说，其间实有建造另一院落的可能。故疑南宋时，此寺中央部分自大殿以南，尚有前、后二院，而双塔则建于后院之内。

双塔平面

双塔的平面，后采用等边八角形（插图44）。照常理推测，塔的外部应有台基环绕。但著者调查时，塔外面的浮土堆积甚高，未曾发掘。后来商得校方同意，托张至刚君代为查验，证明确有此种结构。台基的外口离塔身185厘米，约合清营造尺五尺九寸余，正是我国一般阶基通用的宽度。

第一层：

塔身外部包以砖壁，在东、南、西、北面各辟入口一处，通至塔中央的方室（插图44）。在平面上，除去塔的外形改用八角形以外，其内部配置，大体还遵奉唐西安诸塔的原则。由此可推知北宋初期砖塔使用塔心柱的，尚未普及全国。自第一层至第二层的梯级，现在业已遗失，其配列方法无从揣拟。

第二层：

内部方室在窗台以下部分，仍与第一层同一方向。但窗台以上的壁体，则掉转45°，如两个正方形套成的。因此之故，窗的位置，也改在东北、东南、西南、西北四面，恰与下层的门，互相错位（插图43）。按西安唐荐福寺小雁塔和定县宋开元寺料敌塔的门窗，都集中于东、南、西、北四面，其余四面，俱为墙壁，以致塔身重量，不能维持平衡状态，而门窗下面，又无反券（Reverse arch）可以抵抗下部的反力（Reaction）。故现在各层门窗上都发生裂缝。可是此寺双塔，将内部小室与各层门窗的方向，互相调换，恰能补救此种缺点，在结构上，实值得赞美。

第二层梯口设在东北角上（插图44）。从第二层至第三层的梯级，现亦遗失，但据东南角挖去的墙壁来推测（图版28），原有的木梯似由东南角盘旋而上的。

第二层外部所设之平座纯属装饰性质，与实用无关。因外观上所见第二层的门实际是窗，而窗台离塔内的楼板面颇高，若无梯级，则不易达到窗外的平座（插图43）。

第三层：

自窗台以上的墙壁，复改归原状。窗的位置，也设在东、南、西、北四面，与第一层完全符合（插图44）。同时窗台离楼板的高度，则不到一米，在实际使用上，也较第二层为佳。因上层梯口设于正北面，故将东北角的墙壁削去一部，以便装设本层之木梯（图版29b、c）。

第四层：

平面与第二层大体相同（插图44），窗的位置也改在东北、东南、西南、西北四面。此层墙壁转角处虽未挖削，但梯级的位置，似由西南角转至东南角，再登第五层者。

第五层：

其窗与第一、第三两层一致（插图43），可是内室的平面，已由正方形变为不等边八角形（插图44）。其东南角墙壁，因安设梯级的缘故，向外推出少许，故此处墙壁，较他处稍薄。

第六层：

内室平面复采用正方形，窗的位置，也照样调换（插图43、44）。唯室内面积甚小，中央再安置直径35厘米的塔心柱，致登临异常不便。

第七层：

内室更小，每面不到一米。内室和窗的方向，仍依前例调换（插图43、44）。

双塔外观

式样：

在式样上，双塔的出檐、平座和壁面上隐出的柱、额、斗拱、直棂窗等等，均模仿木塔式样（插图43）。可是它的全体形范，因为第一层塔身直径不及塔高六分之一，而上部孤耸的刹，又占据全塔高度四分之一强，以致形成很瘦削的外观。如果与应县辽佛宫寺塔比较，前者雄壮庄严，后者玲珑秀丽，完全处于极端地位。

塔的外观，下部仅用简单朴素的台基承托（插图43）。除第一层设有副阶以外，以上各层，皆施出檐和平座。而各层出檐所构成的外轮廓线，也仅微微带有一点Entasis，与国内现存最早的木塔——山西应县辽佛宫寺塔，极为接近。

双塔外观虽以木塔准绳，可是仅仅限于外观而已。对于内部各层的结构，并未取得充分的联络。例如第一层与第二层之间，因增建副阶之故，致令第二层的楼板，离窗台约有六尺多高，站在塔内，几无法望见窗外一切的景物（插图43）。这种盲目的模仿，实为不可恕的缺点。

就现状言，双塔下部的台基因被土掩盖，第一层的副阶和各层平座栏杆，也均倾毁无存。然台基经发掘后存在，其已经证明确实存在。其副阶与栏杆，也还留有多数角梁和望柱的榫眼，以及其他文献上的证据可供参考。本文插图43所示的复原图，即根据各种遗迹而绘制的。

塔身比例：

双塔外观既采用木塔式样，各层的直径和高度自然愈向上愈减小。不过在讨论直径与高度的比例以前，应先决定各层高度的标准。据一般建筑的通则，各层高度系指下层楼板面至上层楼板面的垂直距离而言。如果将此法使用到双塔的外部，可用各层平座间的距离作为代表。可是此法对于最末的第七层，却不能适用。根据本辑河北定县开元寺料敌塔的外观，似以各层出檐上口间的垂直距离，定为各层的高度较为妥当。根据此种假定，现将双塔各层直径与高度的比例表列如后：

层数	塔身直径	高度	直径与高度之比
第一层	5.37 米	4.37 米	100 比 80
第二层	4.93 米	3.43 米	100 比 69.1
第三层	4.52 米	3.36 米	100 比 74.3
第四层	4.10 米	3.13 米	100 比 76.3
第五层	3.67 米	3.00 米	100 比 81.7
第六层	3.26 米	2.67 米	100 比 81.9
第七层	2.90 米	2.42 米	100 比 83.4

前表中所示的结果，有二项值得注意：

（1）第一层至第七层的直径，自5.37减为2.9米，约减去第一层直径的百分之四十六。高度自4.37米减至2.42米，约减去百分之四十五。就百分率言，二者缩减的比例约略相同。

（2）双塔各层的高度，虽无一不比直径为小，但第二层比第一层几减去百分之二十，实为各层高度相差最大的数目。故直径与高度的比例，突自百分之八十，降至百分之六十九。然而自此以上，所减之数渐小，致其比例反由百分之六十九，增至百分之八十三，形成很奇特的现象。

台基：

双塔下部，据发掘东塔西南面的结果，第一层塔外转角处，有自墙角挑出28厘米的石板三块，与塔内地面同一高度，故揣想塔的外面，原应有石造的阶台围绕着（插图43）。此石板下40厘米处，又发现较大的台基一层，全体用青砖修砌。其外口离第一层塔身计185厘米，高56厘米，其下即为实土，并无基础，不是常见的方法。又台基的表面，粉有红色灰泥，至转角处，有一部分砌出的砖，类似八角柱的遗迹（插图49）。我们最初以为塔身外部，原有木造的走廊，此转角处砌出部分，也许是廊柱的基础，但经制图时再四研究，如果塔外有木廊存在，不但与双塔形制不相适应，并且与第一层塔身上的柱、额、斗拱的位置和角梁的榫眼（图版27）俱难搭配得当。故图版24所示复原，姑假定塔外原有石造台基一层，其上再沿塔身外壁，置较小的石造阶台一层，每层都有踏步，与门外位置一致。但是确否如此，恐非待彻底发掘之后才能证实。

柱额：

塔外部各层转角处，均自壁面砌出不等边的八角柱（图版26a、b、c），但露出处不过柱径之半。柱下施碊，但无础石。柱身上端近栌斗处，亦略有卷杀，唯其上阑额只下半截搁进柱内，上半部犹露出柱外。

因此之故，隅柱上的转角栌斗，也嵌入阑额两端之内。阑额上未用普拍枋，也是较古的做法。

各层外壁之下部，在柱与柱之间砌出地栿形状（插图50）。地栿的外皮比柱之外皮收进少许。它在木构物中原来的使命，除了联络构材以外，兼供树立槏柱之用。

双塔在门、窗两侧，均砌有槏柱，其下端立于地栿上。窗下复隐出一枋，其上置直棂窗。

斗拱：

外部腰檐下的砖制斗拱，计有转角铺作一种，补间铺作二种。其中仅第六层补间铺作用二跳，余皆一跳。

（1）转角铺作在八角柱上，施转角栌斗，斗下的"㰤"嵌于两侧阑额之间，而栌斗因排列华拱的关系，有"平"无"耳"，颇类平盘斗形状（图版27c）。斗上排列华拱三缝，在平面上中央一缝，恰在塔心至塔角的对角线上，其余二缝，则与两侧的塔身边线，成90°角度（插图50）。此种方法，又见于同地虎丘塔，和浙江鄞县天童寺塔，及南宋绍兴年间重建的苏州瑞光寺塔，殆为当时江浙一带极普遍的方法。不过从结构上的观点来

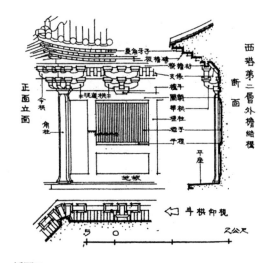

插图50

说，两侧二缝华拱应如应县辽佛宫寺塔和其他同时代的辽代砖塔，自栌斗上的泥道拱延长于外，方为合理。其上令拱顺着塔的边线，在中央华拱上面折为二段，尤令人起奇特之感。拱上施有散斗五具承受橑檐枋，并无耍头。栌斗左、右两侧的泥道拱，则仅施柱头枋一层，无慢拱。

（2）双塔的外部除去第七层未用补间铺作外，其余各层俱于每面阑额的中点，施补间铺作一朵。现除第一层残毁过多无法揣测外，仅知第二层至第六层，有二种大同小异的结构。

（甲）补间铺作在第一层至第五层者，栌斗下部的"欹"也是嵌入阑额内（插图50）。栌斗正面出四铺作华拱一跳，跳头上置令拱，承受橑檐枋；而栌斗左、右的泥道拱上，也只用柱头枋一层，结构十分简单。柱头枋与橑檐枋之间，用斜列的支条，承载遮椽板（图版27c），和时代略晚的辽独乐寺观音阁完全一致，唯支条的间隔，则比观音阁稍密。斗拱比例，如依北宋末年撰著的《营造法式》材高15分° 为标准推算第二层外檐斗拱，除去栌斗的"耳"、"平"和散斗、交互斗的通高等，也许因砖之故，不得不稍加变通以外，其余各件，尚与是书所载的相差不大。

	西塔第二层外檐补间铺作	《营造法式》
材高	15.0 分°	15.0 分°
材厚	9.2 分°	10.0 分°
栔高	5.8 分°	6.0 分°
栌斗通长	28.3 分°	32.0 分°
栌斗底长	18.5 分°	24.0 分°
栌斗通高	16.7 分°	20.0 分°
栌斗耳高	4.6 分°	8.0 分°
栌斗平高	4.6 分°	4.0 分°

	西塔第二层外檐补间铺作	《营造法式》
栌斗敧高	7.5 分°	8.0 分°
交互斗长	18.5 分°	18.0 分°
交互斗高	12.1 分°	10.0 分°
散斗长	16.1 分°	16.0 分°
散斗高	12.1 分°	10.0 分°
华拱出跳	29.5 分°	30.0 分°
泥道拱长	62.5 分°	62.0 或 72.0 分°
令拱长	75.0 分°	72.0 分°

（乙）第六层补间铺作用五铺作偷心华拱，出跳异常之短（插图51）。据现状观察，此种结构，也许因塔身过窄，无使用令拱余地，而阑额至橑檐枋的高度，已为转角铺作所限制，故改为偷心华拱二跳。

以上系就各层出檐下的斗拱而言。其在平座下者，仅于栌斗上施替木一层，托于平座栏杆之下（图版27d），不能算为真正的斗拱。按平座下完全不用斗拱之例，远的如一部分汉明器和敦煌壁画，近的如南方民居建筑，证物异常

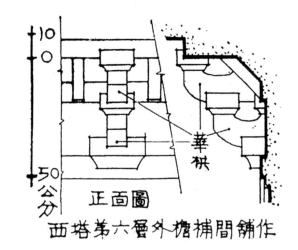

插图51

之多。无疑地，是平座发展过程中一种较老的方法，而为一般简单建筑所乐于采用的。但双塔所用的又像是一种折中式样，在已往调查的古建中，尚无先例。

斗拱表面现在涂有白垩一层，不过从剥落的地方，可看出支条和遮椽板原来俱涂有土红色，足证建造时斗拱、额、柱等等，全部曾施有彩色。

门窗：

塔外各层之门窗，用壶门式尖拱与浮雕的直棂窗参错配列，极富变化（插图43）。尖拱的形状，有三瓣和五瓣二种；三瓣者用于第七层；其余诸层，皆为五瓣。不过拱瓣的构图，却异常自由，并非正规的Tritoliated arch或Cinauefoit arch。

直棂窗位于槏柱与槏柱之间，上、下各施子楻，其间配列直棂，唯两侧则皆略去，极不可解（插图50）。棂子的数目，最下三层用九支，四、五两层七支，最上二层五支。

平座：

各层平座，在出檐博脊上，露出一段很矮的阑额，其上用板檐砖及菱角牙子各二层向外挑出（图版27a）。而平座每面的中点与转角处，在菱角牙子内，复插入砖制的栌斗和替木各一组，使之略生变化。平座的表面铺砌方砖，到转角处，嵌砌青石一条，前端开有榫眼（图版27e）。据明嘉靖《重修双塔记》："围以口槛"[8]，可知平座外侧原有砖制或石制的勾栏，此榫眼殆为装置勾栏望柱而设的。

各层平座自外壁挑出的宽度，据实测结果，以第二层53厘米为最大，第三层37厘米为最小；不过自第四层起，微微增大，至第六、第七两层，又向内缩小，与下面叙述的出檐长度，极相类似。

层数	平座宽度
第二层	53 厘米
第三层	37 厘米
第四层	38 厘米
第五层	42 厘米
第六层	40 厘米
第七层	39 厘米

出檐：

各层出檐在橑檐枋上，用板檐砖及菱角牙子各三层向外挑出（图版27c），完全与唐西安大雁、小雁诸塔同一手法，可知北宋初期的砖塔，犹未尽忘唐代典范。出檐的戗角虽微微翘起（图版26b、c），但不及现在南方建筑过分反翘的形状，最值得注意。戗角下部所饰的菱角牙子比例较大，殆表示角梁的意义（图版27c）。据剥落处所示，此部结构系用木梁自壁面挑出，以补助砖的荷载力，与河北涿县辽普寿寺智度寺二塔相似。

出檐自壁面挑出的长度，除第一层业已毁坏，无法量计外，以第二层为最大。第三层约比第二层缩小十分之一，但自第三层至第五层，逐层加出少许，至六、七两层，又向内收进，构成很轻快的Entasis（插图43）。

层数	出檐长度
第二层	82 厘米
第三层	74 厘米
第四层	75 厘米
第五层	76 厘米
第六层	69 厘米
第七层	56 厘米

檐上瓦脊现在大部凋落，但据北宋同期遗物所示的式样，现存脊饰决非原物。

刹：

塔顶瓦脊和须弥座，现在几乎摧残殆尽，只有生铁制的"刹"，巍然存在（图版26b），但须弥座的位置，依现存塔顶尺寸犹可推测而得，其上施有覆钵与露盘。覆钵的形状，分上、下二层。露盘表面，仅东塔饰有莲瓣三层，其上以盖覆之，也是很特别的例子。再上在木质的刹杆表面加铁圈保护，其外再施相轮七层，轮之直径愈向上愈减小。再上为宝盖式装饰。次宝珠。次于刹杆上装平面十字形的圆光，所饰花纹人物颇疏朗有致。最上为宝珠、仰莲及葫芦各一具（插图52）。

兹将此式的刹，与云冈石刻、日本、朝鲜及我国宋、辽遗物比较如次：

（1）双塔的须弥座虽较复杂，但大体尚存印度窣堵坡平头（tee）的余意。

（2）覆钵的位置，除云冈石刻以外皆直接置于须弥座上面，唯河南武陟妙乐寺塔略去覆钵，密县法海寺塔改为山岳文，朝鲜凤岩寺塔作"鼓"形，最为特殊。又应县佛宫寺塔在莲瓣上所施的铁球，无疑系自神通寺四门塔演变而来的。

（3）露盘的形制，似脱胎于云冈石窟的山花蕉叶。可是嵩岳寺塔以下诸例，俱置于覆钵之上，而与云冈石窟浮雕的层次相反。

（4）双塔相轮的外轮廓线，成下大上小的斜状直线，亦与日本、朝鲜及妙乐寺、开元寺诸塔完全一致。但是北魏嵩岳寺塔与辽、金诸塔的相轮，俱带有Entasis，足征北魏、唐、宋间相轮的轮廓，原有二种不同的形制。

（5）宝盖式装饰，又见于朝鲜凤岩寺及五代妙乐寺塔、北宋法海寺

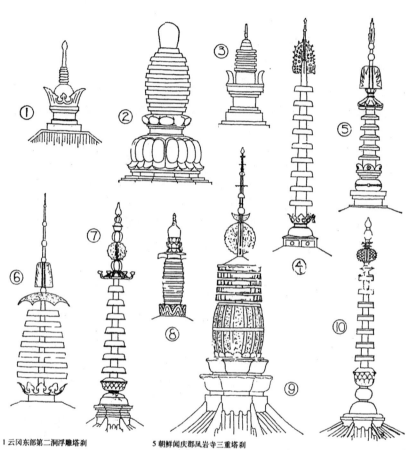

1 云冈东部第二洞浮雕塔刹
北魏和平二年 太和十八年 (461 494 年)
2 河南登封嵩岳寺塔刹
北魏正光四年 (523 年)
3 山东历城神通寺四门塔刹
东魏武定二年 (544 年)*1
(*1 整理者注：现考证出隋大业七年 (611 年))
4 日本奈良法隆寺五重塔刹

5 朝鲜闻庆郡凤岩寺三重塔刹
新罗宪康王五年 (897 年)
6 河南武陟妙乐寺塔刹 后周显德元年 (954 年)
7 江苏吴县罗汉院双塔刹 宋太平兴国七年 (982 年)
8 河南密县法海寺塔刹 宋咸平四年 (1001 年)
9 山西应县佛宫寺木塔刹 辽清宁二年 (1056 年)
10 福建晋江 *2 开元寺仁寿塔刹
宋绍定元年 嘉熙元年 (1228 1237 年)

插图52

塔、南宋开元寺塔，但局部式样却不尽相同。

（6）圆光即法隆寺五重塔的"水烟"。唯我国诸例之图案较为板滞，且已失去火焰形态。

（7）圆光上的仰月，仅见于辽、金遗物。

总之，此寺之刹经后世多度修理，未必保持原来形状。但依泉州开元寺塔诸例，知宋代南方的塔刹，比时代略同的辽代遗物尚能保存一部分唐代的手法，却是异常明显的事实。

关于刹的分件名称，苏州姚补云先生所著的《营造法原》内，曾有一段修理纪事，载：

"合缸一只。膝裤八套，俱套抹塔心木。膝裤桶口，俱架蒸笼圈七套。第八套膝裤桶，套凤盖。凤盖上面套珠球。膝裤桶装天王板四块，高二尺八寸。上珠球高一尺。上莲蓬缸并座高八寸五分。上架葫芦高三尺。"

前文中的合缸，即露盘。塔心木即刹杆。膝裤桶殆指装于刹杆外面的铁圈而言。蒸笼圈即相轮。凤盖即宝盖。珠球即宝珠。天王板即圆光。莲蓬缸即仰莲。根据此文，知苏州匠工所用的术语，除小部分以外，与正规名词相差很远。

双塔内部结构

砖木混合结构：

双塔内部，在砖砌的外壁内，辟有正方形小室一间。各层小室在砖柱上，构有木造的斗拱、楼板和梯级等等，可供登临凭眺。在原则上，此项砖木混合的结构法，自北魏嵩岳寺塔以后，唐代规模较大的砖塔不采用此种方式——虽然楼板之下也有不用斗拱的。唯五代以后，内部各层的走道和塔心内的小室，往往用砖构的叠涩与筒券（Vault）代替楼板。故自南宋以降，除去少数例外，此法几乎绝迹。罗汉院双塔因为建于北宋初期，所以还秉承北魏以来的旧法。

各层的高度：

塔内方室的高度，以第二层为最高，第一层次之，第三、第六、第四、第五、第七诸层又次之（插图43）。考各层高度之所以未循木塔递减的原则，固然因为塔身直径过于窄小，不能利用副阶的地位增设暗层，致第二层不得不特别增高。然其上诸层，并无副阶，不应再作如是处理。可知计划此塔的工师们，在主观上根本不求内部结构与外观一致，实为最重要的原因。

壁体：

第一层外壁的厚度约为塔径百分之二十八，但自此以上，也许因工作不周密的缘故，外壁所减之数，不与塔径减者成正比例。以致壁厚与塔径的比例，在第三、第四两层略为减小，自第五层起，又行增加。但自大体言之，此百分率随着塔的上升而增加，则系极显明的事实。

层　数	塔　径	外壁厚度	塔径与外壁的比例
第一层	5.37 米	1.51 米	100 比 28.2
第二层	4.93 米	1.38 米	100 比 28
第三层	4.52 米	1.23 米	100 比 27.2
第四层	4.10 米	1.11 米	100 比 27
第五层	3.67 米	1.07 米	100 比 29
第六层	3.26 米	1.02 米	100 比 31
第七层	2.90 米	0.98 米	100 比 34

各层门窗上部的尖拱，仍用普通叠涩式砌法，唯作成花瓣形尖拱而已。尖拱的内皮至方室间的部分，计有三种不同的结构。其在第一层

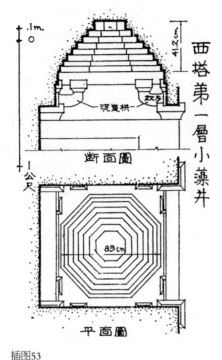

插图53

者，自走道两侧的墙面上，砌出柱、额、斗拱，上部再覆以叠涩式的八角形藻井（插图53）。第二、第三两层，此部改为正方形藻井（图版28c）。第四层以上，仅自两侧墙面用普通叠涩式的砖相向挑出，中央留出平头一块，手法更为简单（图版30a）。

塔身所用的砖，长自16厘米至36厘米，蒙山自10厘米至20厘米，厚自4厘米至6厘米，无虑十余种之多。也许为了适合外观及结构起见，一部分的砖系出于特制，另一部分则为施工时所削斫的。

柱、额：

方室内附于壁面上的砖柱，自第一层至第四层有二种不同的式样：（甲）在门、窗两侧者，干地栿上直接施方柱，柱的外皮和地栿外皮齐平，与著者前岁调查的河北定兴县北齐石柱完全一致。（乙）内室的四隅用不等边八角柱，下部做出硕的形状，无础石。

柱与额的搭配方法分三种：（甲）第一层走道右侧的方柱比较低矮，仅在柱上施栌斗，承载上枋一层。而四隅的八角柱则比前述方柱高出80余厘米（插图54），故隅柱的上端另施内额一层，以承载上部的补间铺作。此二层水平构枋的中间，除未施蜀柱或人字形拱以外，其全体

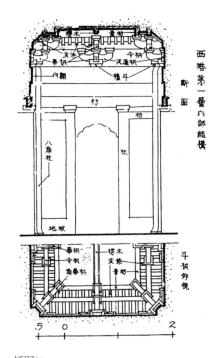

插图54

布局显然带有很浓厚的唐代作风。（乙）第二、第四两层的方柱和柱上的栌斗，直接支于内额下面，而八角柱仍与内额上皮平齐。（丙）第三层系折中第一层与第二层的结构法，即方柱上的栌斗虽支于内额下，但方柱的外侧仍各施一枋。而二方柱之间，未将横枋联通，均其特异之点。

内额俱用木制并嵌入墙内，其高度有14厘米与20厘米两种。除第一层外，第二至第四层的内额，在方柱之间微微向上弯曲，略如月梁形状（图版29d）。

斗拱：

内室楼板下的斗拱，除第五层为砖制外，第四层以下者均为木造。也许因室内面积过小的缘故，斗拱的种类，只有补间铺作与内转角铺作二类，而每类亦只有两种或三种不同的形式。本文先叙述各种砖、木斗拱的结构程次，然后再比较各分件的尺寸，与辽代遗物及《营造法式》的关系。

（1）四铺作砖制偷心斗拱　用于第五层者，在内转角处各置栌斗一具，正面出华拱一跳，跳头上施素枋，承载木构的楼板（图版30e）。栌斗两侧则施柱头枋一层。此枋与素枋之间，架斜列的遮椽板与支条。又东塔第三层木造的补间铺作，因须承托楼板下的月梁，亦仅用四铺作华拱一跳（图版30a）。

（2）五铺作偷心补间铺作　用于第一、第三、第四等层者（插图55，图版28b，29d、e，30c、d），其第一跳偷心。第二跳华拱跳头上亦仅施散斗，直接托于素枋下，并无令拱。唯第二跳华拱上施散斗一具，其位置适与下面第一跳华拱的交互斗互相重叠，其上再施罗汉枋一层，与大同华严寺薄伽教藏殿的天宫楼阁平座斗拱相似。栌斗两侧则施泥道拱与柱头枋各一层。柱头枋上列支条及遮椽板，外端载于罗汉枋之上。

（3）五铺作计心补间铺作　只用于第一、第二两层（图版28a、f）。除第一跳华拱跳头上施瓜子拱与罗汉枋以外，其余各部俱与前述第（2）项斗拱同一手法。

（4）五铺作偷心内转角铺作　仅见于第一层（图版28a）。其栌斗正面，在平面上出四十五度的斜华拱二跳，贴于素枋下面。其余泥道拱、柱头枋与支条、遮椽板等，都和第（2）项斗拱相同。

（5）五铺作计心内转角铺作　用于第二、第三、第四等层（图版28f、29e、30d），其数目较第（4）项稍多。除斜华拱二跳与前项一致外，又于第一跳华拱的跳头上，施十字交叉的令拱，前端贴于罗汉枋下，后端延长与柱头枋相交（插图56）。

木造斗拱的比例，也许因木料收缩率的不同和其他原因，致各层斗拱的尺寸略有出入。兹将第一层至第四层的平均数表列于后，并以材高15分° 为标准，求其与《营造法式》的互相关系如次：

分件名称	实测平均数	合材高十五分°之若干分°	《营造法式》比例
材高	14.1 厘米	15.0 分°	15.0 分°
材厚	8.1 厘米	8.6 分°	10.0 分°

分件名称	实测平均数	合材高十五分°之若干分°	《营造法式》比例
梁高	6.1 厘米	6.6 分°	6.0 分°
栌斗长	25.0 厘米	26.6 分°	32.0 分°
栌斗底长	16.0 厘米	17.0 分°	24.0 分°
栌斗通高	14.0 厘米	14.9 分°	20.0 分°
栌斗耳高	4.4 厘米	4.7 分°	8.0 分°
栌斗平高	3.6 厘米	3.8 分°	4.0 分°
栌斗欹高	6.0 厘米	6.4 分°	8.0 分°
交互斗及散斗长	13.75 厘米	14.6 分°	14.0 分°
交互斗及散斗底长	10.0 厘米	10.6 分°	10.0 分°
交互斗及散斗斗通高	8.8 厘米	9.4 分°	10.0 分°
华拱第一跳长	27.4 厘米	29.1 分°	30.0 分°
华拱第二跳长	23.2 厘米	24.7 分°	30 或 26.0 分°
泥道拱长	59.1 厘米	62.9 分°	62 或 72.0 分°
瓜子拱长	70.0 厘米	74.4 分°	62.0 分°

前表中关于交互斗的比例及华拱出跳与泥道拱的长度三项，和《营造法式》相差不巨，可是瓜子拱几与《法式》的令拱长度相等，而交互斗与散斗的比例并无区别，都是十分奇特的。此外可注意的：（1）拱头的卷杀俱用三瓣，与当地南宋淳熙六年（公元1179年）所建的玄妙观三清殿完全契合。（2）"栔"高比《法式》规定者稍大。（3）栌斗的"欹"也比"平"稍高。就中后二项所示的比例，竟与河北、山西两省辽代遗物大体一致（见本社《汇刊》第四卷第三、四期合刊本梁思成、刘敦桢合著之《大同古建筑调查报告》），足证年代愈近，"栔"与"欹"的高度也愈加减低，乃颠扑不破的事实。

楼板：

内室楼板结构最普通的方法，系在素枋内略近方形的面积中央，加楞木一根，其上再铺木板与铺砌地砖。但除此以外，东塔第四层楼板下面，有用月梁代替楞木（图版30a）和六、七两层完全不用楞木的例子。

塔心柱：

塔心柱在六朝中叶原称为"刹柱"，见本社《汇刊》第四卷第一期著者《复艾克教授论六朝之塔》。而《唐会要》则称为"柱心木"。据日本飞鸟时期的遗物，此柱系自地面直达塔刹。可以推想我国南北朝的木塔，亦必采用同样的方法。不过到唐开元中康素改建武后所建的东都明堂，已有撤去"柱心木"的记载（见本社《汇刊》第三卷第二期《哲匠录》康素传）。故疑唐代中叶以后的塔心柱，多数仅限于塔的上部而非直达地面。现在双塔北部的结构，系在第六层的窗台下面，架圆形断面的横梁一根；其上加扁平的缴背，与横梁一并插入墙身之内。在缴背的中点，再树立直径35厘米的塔心柱（插图43），这无疑是唐中叶以后的方法。

楼梯：

内部梯级因全部毁坏，故图中概未绘入。但据内室被挖削的壁面来推测，疑第二层至第五层系用盘旋而上的木梯。六、七两层因地位太窄，似用简单直上的梯子。唯第一层如用直上式，则嫌太陡，用盘旋式又与东、北二面的入口相冲突，不知究作何种方式解决。

结　论

上述平面、外观、结构等项的特征，综合起来，可归纳为四项：

（1）双塔的外观虽然模仿木塔式样，但是平座和檐端的局部手法，仍遵守唐代砖塔惯用的板檐砖和菱角牙子，在宋代木构式砖塔中，不失为过渡证物之一。

（2）塔的平面配置，除外形采用八角形以外，内部方室与走道的分配方法，显受唐代砖塔的影响。而各层内室方向与门窗位置依次调换四十五度的形制，又见于关野贞博士认为是宋代建造的南京牛首山普寺塔中[①]，知此种方式，在当时江南砖塔中，必定占据相当数目。

（3）塔内使用木构的楼板和梯级，也是北魏、隋、唐间惯用的方法。可是双塔各层楼板的高度，不与外观符合，却是很重大的缺点。

（4）斗拱比例的一部，已与北宋末年颁布的《营造法式》接近。但"栔"、"欹"的高度和遮椽板下的支条，以及其他柱额的分配层次与刹的形制等等，或与辽建筑一致，或存唐式的典型，无一不足为双塔建于北宋初期的铁证。

注释

[1]《姑苏志》："双塔禅寺在城东南隅，唐咸通中州民盛楚造。初名般若院，吴越钱氏改罗汉院。宋雍熙中王文罕建两砖塔对峙，遂名双塔。至道初，赐御书四十八卷，改寿宁万岁禅院。绍熙中，为提举常平祝圣道场，提举徐谊尝给以常平田。嘉熙中重建，释妙思有记。永乐八年，僧本修重建。"

[2]《图经续记》："寿宁万岁禅院在长洲县东南。唐咸通中州民盛楚等

---

① 整理者注：南京牛首山普照觉寺塔乃建于明代，而内室方向与门窗位置作45°掉换的制式，虽已见北宋，但明塔仍多有用者。

建为般若寺。至道九年（著者按：应为元年），敕赐御书四十八卷，二年改今额。"

［3］《吴郡志》："寿宁万岁禅院在长洲县东南，旧罗汉院也。寺有二塔对峙，俗名双塔寺。"

［4］宋·龚颐正《寿宁万岁禅院给常平田记》："府城东隅双塔寿宁万岁禅院……是院肇唐咸通，迨本朝雍熙创造双塔。至道初，赐以御书，遂改今额。"

［5］《苏州府志》卷四十二："双塔禅寺在城东南隅，定慧寺巷。唐咸通中，州民盛楚等建为寺。吴越钱氏改罗汉堂。宋雍熙中，王文罕建两砖塔对峙，俗以双塔名之。至道初赐御书四十八卷，改寿宁万岁禅院。嘉熙中重建。明永乐八年僧本清建。康熙十五年里人唐尧仁捐建天王殿、方丈、禅堂。乾隆中，东塔相轮毁，道光年重修。咸丰十年毁，双塔及一殿尚存。同治间僧邰凡稍加修葺。"

［6］《图经续记》："定慧禅院本万岁之子院，祥符中别改今额。"

《吴郡志》："定慧寺在万岁院之西，本子院也。祥符中改赐今额。"

［7］《姑苏志》："定慧禅寺在双塔寺西，初名西方院，本双塔之子院也。天禧中赐今额，始贰于双塔。"

［8］《重修双塔记》："吴郡佛寺之盛，由赤乌以来，代有创建。……双塔禅寺据城东偏，唐咸通中州民盛楚独力营建。宋雍熙中，州民王文罕增树二塔，历元至今，修改非一。嘉靖元年七月二十五日，怪风为灾，折右塔顶，相轮㮴题，久渐倾落，崇基巨干，并致摧夷。有马居士祖晓者，长洲人也，寓居西邻定慧寺之观音殿。梵修洁处，诚通感物，远近响服，道俗归依。山岁庚戌，悯其寺坏，语徒众曰：'吾寄迹阿蓝，而坐视劫灰，隔开法者哉……于是闻者，欣舍其财，观者乐助其力，不数月而寺一新矣。时双塔之大雄殿梁栋崩摧，像设漫漶，丘潦洊□，樵苏莫御。乡之老王君松等，泊寺僧戒本清音宗源，相与恳于居士曰：'敢祈大德，均沛仁慈。'居士诺□。发誓愿于释迦，命诸徒如定慧鼎建式宏，庄严加替。唯二塔巅坠日甚……复相与恳于居士曰：'愿垂余润，具美

嘉绩。'居士诺焉。乃曰：'左塔固可修，右塔须重建，非金字梵经，不足为镇。'即俾里中禅友惠林等，分遣勤能，遍告檀越。饰缣素装华严之养，粉黄金泽贝叶之文，每书一字，乞银一铢。由是士女争先，贵贱竞。经完，而二塔之费咸具。买石于山下，购材于江客，范甓于陶匠，冶铁于凫氏。千夫献力，百工效技，经始勿□，□创速成，构架于烟霄，著成功于神运。双轮珠焕，两刹峰标。塔凡七成，□□二栈，□开八面，龛置一灯，覆以雕檐，围以□槛。裹所金字法华，并旧藏舍利、杂宝，秘以铜奁，固之铁检，奉安峻极，永镇神基。颓圮者四十年，兴复者不逾岁……用余力，经营禅榻，物备种完，居士之功德，施于寺者大矣……"

[9]《重修大雄宝殿记》："双塔之修于嘉靖庚申也，以德盈上人之精能，而马道人之劝募。今始更新于万历□辰也。以恒持、性融二师之苦心，□高居士生为檀施之首。异世同符，琳宫攸焕，亦奇矣。自庚申迄今数百年，代有贤者主之，香□如昨。意予于庚戌之七夕，以佛事坐山亭，昏时崩声如口挠攘折，予合掌□，安得马道士为之继哉。……越甲寅，有高居士文口自雍州归，见像颓而殿圮，喟然以兴废为己任。于是庀材鸠工，兴有日矣。一夕居士忽欲口归，惓惓以终始是役为念。二子科选、科口赍以承先志，踵而成之。予□一月游燕，时方经始。明年四月自燕旋，而大雄宝殿巍然矣。……使有志者闻风而起，二浮屠之卓然而冲霄，在□乎。……予遂直书为其事，并好义者姓名王昌隆、士元、顾存仁等……万历四十四年腊月，岁次丙辰。"

[10]《寿宁寺重修双塔记》："塔有二，一曰：舍利塔，一曰：功德舍利塔，塔七层。寺建于唐咸通年。寺名寿宁万岁，又曰：般若寺，又曰：罗汉院，与定慧寺为一寺。至宋太平兴国□年，郡人王文罕兄弟二人，增竖二塔，去地十二丈。类天树之并敷，若迦楼之两翅。旭日□□……后风摧相轮。有马居士祖晓者年八十矣。鸠工庀材，二年之中，倾起颓废，诸僧赖之至今。崇祯六年癸酉，复渐圮，西南房无念新公泊斯宗、阐士梵云等修之，□□半载，而双标并矗，□□……起□孟夏三月，卒事季秋之既望。崇祯九年岁在丙子八月。"

河北定县开元寺塔

略　史

　　开元寺在定县南门内东侧，从北宋中期建造伟大的砖塔——料敌塔以来，几乎成为当地妇孺皆知的丛林，所以寺与塔的史料，散见于方志和各种碑记中的，也以北宋和北宋以后的占据多数。近年来因料敌塔附近发现了证物多种，寺的沿革已可由北宋初年追溯到北魏末期的七帝寺，而《高僧传》三集内所收的《贞辩传》，尤可窥五代、后唐时，此寺已具有相当规模，足补自来记载的缺漏。兹先介绍民国《定县志》中搜集的各种新证物如次。

（一）北魏宣武帝正始二年（公元505年）所制的《七宝瓶铭》，叙述孝文帝太和十六年（公元492年）僧晖等为北魏诸帝造弥勒像的经过[1]。可惜此石在塔南出土后，移庋众春园，不久即被人盗去，现在所能引用的，只有当时传写的铭文而已。幸据下面引用的隋开皇五年（公元585年）《七帝寺碑》，知僧晖所造的像，即属于七帝寺之内[4]。

（二）东魏孝静帝武定元年（公元543年）高归彦施造的白大理石佛像残座，也在塔南出土，现藏众春园[2]。

（三）武定五年（公元547年）丰乐、七帝二寺的造像记，述邑义人等，为皇帝施造白玉龙树思维像一区[3]，出土地点同前。

（四）隋开皇五年（公元585年）的《七帝寺碑》，现亦藏众春园，内载此寺自僧晖造像后，不久即遭北周毁佛之厄，僧尼还俗，寺像俱废。到隋开皇间，崔子石等施钱赎回寺址，及僧晖的门徒惠郁等重兴寺像的经过[4]。并知隋开皇年间，凡是大县都得建立僧、尼二寺，而七帝寺就是当时的县寺，有僧众一千三百余人，规模异常宏大。

民国《定县志》根据以上四种证物，和当地最著名的隋开皇十六年（公元596年）《正解寺碑》，对于七帝寺的创建沿革，谓：

"七帝寺创于太和十五年（公元491年）。而十六年僧晖并造弥勒大佛，正始二年（公元505年）竣工，于是有七宝瓶之铭。中遭周武毁废。开皇元年（公元581年）兴复寺像，至五年而竣，于是开皇五年之碑以记兴废。十六年改名正解寺。"[5]

"……对于七宝寺□□□□……在，亦即开元寺之故地，与七帝寺同居一隅，决也。其或先名七帝，后改开元；抑或二寺，并峙相邻，均无可徵。以□度之，似改七帝为开元，其说较长。"

今以现状证之，宋以来的开元寺系位于料敌塔的南侧。而上述各种遗物出土地点，俱在其附近，似《县志》所推测的七帝寺故址，尚可置信。至于北魏的七帝寺，到隋开皇年间改为正解寺一事，除前引诸文以外，又见于《县志》卷十八所释的正解寺残碑一文[5]，本文不必再为叙述矣。

其次唐代史料，则有民国十年料敌塔南出土的石匣，正面题有墨笔铭记，其中"永徽四年（公元653年）二月十五日舍利……"十余字还可辨识。石匣内原藏有金椁、银棺和盛有舍利的玻璃瓶等等，现除舍利遗失和玻璃瓶业已破碎以外，其余各件，俱保存于定县的民众教育馆内。按永徽为唐高宗的年号（公元650—655年），根据《梁书》卷五十四·扶南国传，梁武帝中大通三年（公元531年）重建建康阿育王寺三重塔时，曾在塔下龙窟磉石下发现：

"磉下有石函。函内有铁壶，以盛银钳。钳内有金镂罂，盛三舍利，如粟粒大，圆正光洁。又有琉璃碗，得四舍利及双爪。"

及《法苑珠林》、《三宝感通录》等书许多大同小异的记载，可证料敌塔附近发现的石匣，乃埋藏舍利之用。然则唐永徽间，此塔的南部建有墓塔，是毫无疑问的。至于开元寺的名称始于何时。民国《定县志》谓：

"七帝者本元魏之祖，时移世易，故改寺名……后又名开元寺，沈拟为唐开元时所改，或可信。"[5]

根据著者从前调查的易州、郑州、苏州等处的开元寺，不是创建于唐开元年间，即是更名于此时；以此类推，似乎《县志》所记的尚无大谬。此外《高僧传》三集·卷七·后唐定州开元寺贞辩传中还有一段关于此寺的记载：

"释贞辩，中山（即今定县）人也。少知出尘，长誓修学。……负笈抵太原城听习……洎王处直平，乃归中山讲训。补故伽蓝无不谐愿……后终于此寺焉。"

按《县志》所载当地的开元寺仅仅只此一处，而《高僧传》既在贞辩传上，冠以"后唐定州开元寺"。又在传中说"补故伽蓝，无不谐愿，……后终于此寺焉。"则贞辩补修的寺，即现在的开元寺十分明了。据著者所知道的范围，"开元寺"三字之见于记载，实以此段文字为最早。

关于贞辩修治开元寺的年代，《高僧传》内有："洎王处直平，乃归中山讲训"二语，可为研究的线索。按王处直事略，附见于《旧唐书》卷一百八十二·王处存传后。

"处直，字允明，处存母弟也。初为定州后院军都知兵马使，汴人入寇，处直拒战不利而退，三军大噪，推处直为帅。及部出奔，乃权留后事。汴将张存敬攻城，梯冲云合。处直登城呼曰：'敝邑于朝廷未尝不忠，于藩邻未尝失礼，不虞君之涉吾地，何也？'朱温遣人报之曰：'何以附太原而弱邻道？'处直报曰：'吾兄与太原同时立勋王室，地又亲邻，修好往来，常道也，请从此改图。'温许之，乃归罪于孔目吏梁问。出绢十万匹，牛酒以犒汴军，存敬修盟而退。温因表授旄钺，检左仆射。天祐元年（公元904年）加太保，封太原王。后仕伪梁，授北平王，检校太尉。不数岁，复（整理者注：文史似脱漏"归"一字）于庄宗。后十余年，为其子都废。归私第，寻卒，年六十一。"

文中的温，按照前后文，即梁太祖朱温。今以前文与《旧五代史》梁太祖纪和后唐庄宗纪对照，知张存敬围攻定州，事在唐昭宗光化元年（公元898年）。其后处直尝附和汴军，攻击晋王李克用。到梁太祖开平三年（公元909年），进封北平王。次年冬，梁人欲收取镇州（即今正定）和定州（即今定县），处直乃与镇州帅王镕，连结投降于后唐庄宗，而与梁军相抗。《高僧传》中的"洎王处直平"，大概系指此事而言。故疑贞辩修补开元寺的年代，在梁开平三年（公元909年）后数年之内。

此寺自贞辩补修以后，不出百年，复有建造砖塔的壮举。关于造塔的经过，《定州志》[6]、《畿辅通志》[7]和《图书集成》[8]等书，载北宋时，寺僧有会能者尝往西竺取经，获舍利子东归。到咸平四年（公元1001年），真宗诏令会能伐嘉山之木，修造此塔。嘉山在定县城西四十里，以产乔木著称，因此之故，当地人士至今还有"砍尽嘉山木，修成定州塔"的传说。

按定州自五代中叶以后，为汉族和契丹混战的区域，故北宋初期，袭用唐以来定武军的旧名，屯集重兵，成为当时国防上的第一道防线。其后宋人虽然纳赂议和，但是北边守臣，或治河泊以限戎马，或起浮图以远眺望，都是假借名义，密修边备，为万一时之用。此塔的建造理由，在表面上纯为供养会能自印度取回的舍利，但雍正《定州志》说："盖筑以望契丹者，故又名料敌塔。宋知州宋祁尝记岁月于巅"。[6]而《燕山丛录》也有同样的记载[9]。可见它的真正原因，和保定拒马河、景县望夷塔并无何种差别。证以咸平始工，恰好在宋、辽交争之际，此种传说，实有成立的可能。不过据塔内走道壁面上所嵌的大中祥符和皇祐题名石多种，知当时修塔的费用，大部分由民众捐输，不全是政府支出的。

至于塔的建造和落成年代，现在有四种不同的记载：

（一）北宋宋祁《景文集》中，《题开元寺塔诗》内有"经营一甲字"一语，其下注云："自至道乙未经始，至至和岁乙未告成"[10]。所谓至道乙未，系太宗至道元年（公元995年），而至和乙未乃是仁宗的至和二年（公元1055年）。据《宋史》列传，祁于仁宗时曾知定州军事，亲历其境，见闻较切，所述的年代当然不是凭空杜撰的。

（二）……

（三）民国《定县志》引宋进等《修塔记》，说此塔成于真宗乾兴元年（公元1022年）……仁宗至和二年（公元1055年），谓"以六十年而成一塔，似不近情"[11]。唯《修塔记》原文现在已经佚亡，不能证实此说的可靠与否。然而依事实言之，此塔高八十米，为现在我们知道的国内唯一最高的砖塔。在科学和工业尚未发达的北宋初期，要建造这种伟大工程，当然不是一件容易的工作。而且工程经费的来源，据塔内遗留的题名石多种，大半出于临时捐募。也许当时因经费和材料、运输等等关系，屡辍屡造，不是事理所绝不许可的。故民国《定县志》疑惑的"以六十年而成一塔"，不能成为有力的反驳。

（四）……

以上四种文献内的年代，有真宗乾兴元年和仁宗至和二年二种。现在塔内的碑刻，除去东北角崩塌部分，无法调查以外，其余各部遗失的亦不在少数。根据此种残缺不全的文献，当然不能马上得到正确的结论。不过据著者的意见，此四种史料中，正式兴工以前，必经过相当长期的筹划。所以宋祁在本人所作的诗下，特注"至道乙未经始"。但是实际上开工兴造的日期，当然要以元大德碑所记述的咸平四年（公元1001年）七月十八日[13]，较为详密可信。泊至真宗乾兴元年，塔的一部或大部完成以后，或因经费支绌和工程上别种缘故，不得不暂时停顿，故宋祁有《修塔记》之作，告一段落。其后复继续修造，到仁宗皇祐四年，塔顶才结尖了毕，而附属工程则延至至和二年始告完成[16]。观现存塔内第七层与第十一层走道壁面上所嵌的至和元年功德石二块，即知宋祁说的"至和岁乙未告成"，实有所本。而"经营一甲子"一语，亦与事实大体符合也。

自宋以后，《县志》和《通志》对于金、元二代的文献，并无只字记载。仅据定县民众教育馆所藏的《大金定州创建园教院记》，知当时此寺规模宏巨；除去原有的毗卢院、口教院以外，金世宗大定二年至十八年（公元1162—1178年），又在寺的东南角，修盖圆教院一区，占地六十余亩[12]。其后元成宗大德元年（公元1297年），中山府达鲁花赤长达达复修葺寺塔和佛像等等，见塔内第一层《大元中山府大开元寺重修佛塔记》[13]。

　　降及明代，《图书集成》载洪武末年都督平安撤除城内的华塔，补修城堞，并毁此塔四周的铁幢，供制造军器之用[8]。然考《明史》平安本传和惠帝纪，安以建文元年（公元1399年）随诸军伐燕，二年八月，进屯定州，疑此事应属于建文二年，不是洪武末年的事。宪宗成化十四年（公元1478年），御用监梁芳和典簿罗钦、知州韩文、同知黄敏、递运所大使朱逵、指挥王辅、张杰等，曾合力修葺此塔。除《通志》记录以外[7]，现在民众教育馆内，还藏有成化十四年《重修塔级檀越姓讳》石一方，可供参考。正德十四年（公元1519年）己卯，武宗南征宸濠，经过定州，曾登塔题记[8]。其后世宗嘉靖十四年（公元1535年），州人鲍日龙等修塔，有《重修浮图之记》，现存于定县民众教育馆内[14]。翌年，定州卫指挥致某，又重造塔上的青铜宝珠、葫芦。《州志》虽未收入……（此处缺字），未曾完工。到雍正七年（公元1729年），知州王大年续成其事，具见塔内第一层《重修宝塔佛像碑记》[10]。自此以后，此寺文献异常缺乏，仅在第八层内部走道壁上，发现无关重要的乾隆二十七年（公元1762年）游人题字而已。洎光绪十年（公元1884年）六月，塔东北面的外壁，自巅至地，忽然崩塌[17]、[18]，毁去全塔外壳四分之一（图版4乙）。而寺内殿宇，也不知何时毁坏，到现在竟无片瓦寸椽存在。唯据传说，其东南角一部，至清末犹未全毁云。

　　塔为当地规模最大的古建筑，从宋咸平四年始工以来，至本岁恰为九百三十五年。从前当地人士，每遇灯节，醵金悬灯，盛极一时[6]，可是惨祸也每每随之产生。如康熙《县志》载明穆宗隆庆二年（公元1568年），和道光《县志》所载的乾隆三十八年（公元1773年），都因游人误闻州牧封门，惊恐逃避，压死二三百人不等[17]。虽说事故的发生原因，异常离奇幼稚，然可观此塔在崩塌以前，曾为民众游览娱乐的场所。

　　综合上述开元寺塔的建置经过，表列如后以供参考：

宋	真宗咸平四年（公元 1001 年）	诏开元寺僧会能建塔[6, 7, 8]
	仁宗皇祐四年（公元 1052 年）	塔顶结尖毕，见耿素等《修塔记》
	仁宗至和二年（公元 1055 年）	塔工告竣[6, 7, 10, 13]
元	成宗大德元年（公元 1297 年）	中山府达鲁花赤长达达重修[13]
明	惠帝建文二年（公元 1400 年）	都督平安毁塔四周铁幢[8]
	宪宗成化十四年（公元 1478 年）	御用监梁芳等重修[7]
	世宗嘉靖十四年（公元 1535 年）	州人鲍日龙等重修[14]
	世宗嘉靖十五年（公元 1536 年）	定州卫指挥致某重建塔顶宝珠葫芦（见葫芦铭记）
	神宗万历四十五年（公元 1617 年）	州人庞子文重修[7]
	神宗万历末	州人王云重修[7]
	光宗天启初	州人王云重修[7]
清	世祖顺治十三年（公元 1656 年）	巡道刘兴汉重修[7, 14]
	圣祖康熙五十九年（公元 1720 年）	定州地震塔四面自上至下裂二寸许[15]
	世宗雍正七年（公元 1729 年）	知州王大年重修[15]
	德宗光绪十六年（公元 1890 年）	塔外壁东北角崩塌（郑锦先生《开元寺塔实况调查册》）

塔的位置及台基

　　民国二十四年（公元1935年）五月，著者与陈明达、赵法参二君调查此寺的时候，除去半毁的砖塔一座，孤立废墟中外，所有全寺的堂殿门庑，都已化归乌有。就现状来说，开元寺的故基，系南北较东西略大的长方形。……处留有很完整的墙壁一段（图版5乙），方向恰与塔身平行。经发掘的结果，这墙约高3米，其下与砖砌的基脚（footing），自墙面向外挑出少许，再下则为石砌的基础（foundation）（插图1）。足证此隆起部分，即是料敌塔的台基，年久颓废，成此形状者。台基的南部面积很广，据当地一般人的传说，从前塔前曾建有三开间佛殿一座。可是现在此部破坏过，无法追索原来的情状。自塔以北，有东西方向的横街一条，紧接于后。街的北面，民居骈列，而中央又辟有小巷一条，南端正对料敌塔（图版4乙），北端通至城内最繁盛的东大街。可见塔北一带，原不属于此寺范围之内。

根据现状与前引各种史料互相参照，知此寺平面的发展，可分为三期。第一期在全寺的西南角，即北魏以来的七帝寺、正解寺和唐开元寺原有的范围，故所有北魏、东魏的造像铭刻，以及唐永徽间舍利石匣等，都发现于此一带之内。第二期在全寺的西北角，即北宋会能建塔的地点。据著者的观察，此塔约高80米，其台身及台基所占面积颇为广大，而原有的开元寺为地势所限，既不能如北魏洛阳永宁寺和辽佛宫、普庆诸寺的塔，建于佛殿之前，又不能遵照唐·道宣《戒坛图经》所述正中佛院的制度，直接置于佛殿之后，故只能在寺的后面，另辟一区供建塔之用。因此之故，寺与塔遂一前一后，成为对立的形状。第三期在全寺的东侧和东南角，就是金大定年间增建的圆教院。自此部加入之后，致使原来的开元寺和料敌塔，都偏于西侧。不过以上所述，纯系一种设想，确否如是，非待事实证明后，不能作为结论。

塔的平面

塔的平面采用八角形，但各层东、西、南、北四面的面阔，较其余四面稍大（增出10厘米），精密言之，并非等边八角形。

塔的外观虽为十一层，可是第一层特别高耸（图版3）。故利用平座的地位，在内部添设暗层，成为十二层。兹自下而上，逐层分叙如次。

第一层 在东、南、西、北四面，各辟入口一处（图版1），其余东南、西南、西北三隅面皆为平坦的壁体，未设门窗。据一般的传说，其东北面从前亦设有入口一处，适与塔心内的梯级相对，可是北部现在恰已崩塌，无法证明，故本文图版1内未予绘入。门内的走道随着外壁环绕，而在中央砌有八角形的塔心，自上而下直达塔顶。凡各层梯级都藏于塔心里面，为此塔结构上最重要的部分。第一层塔心的结构，因塔内东南、西南、西北三面的走道，现在全部用砖封砌，达于平棊附近，致不能作精密的调查。但据露出部分，知暗层在塔心内，建八角形……一尊，自像后绕至梯级的上口，可升至第二层（插图2）。

第二层 在塔身外设有平座，唯平座之上未施栏杆。其外壁东、西、南、北四面亦各辟一门，和第一层完全类似，但是窗的结构，则非下层所有。其中东南与西北二面皆用假窗，浮雕几何形花纹，独西南面因梯级的缘故，改为真窗（图版4甲）。窗很小，上加发券，不和其他假窗调和，极不可解。内部走道与塔心的配置，略如下层，可是塔心仅在东、南、北三面各设佛龛一处（图版1）。西南面设梯级下口。而东、西二面则在近北端处，又各辟梯级上口一处，至中点会合，留有正方形的Landing一块（插图3）。Landing的南侧，设佛龛一，北侧仍构梯级，通至第三层。按此塔之梯，各层都用直上式，其成转折形状者，只此一处而已。

第三层 以上至第十一层皆于塔外施叠涩式的出檐，上口平坦，兼平座、出檐为一。第三层的外壁，除东、西、南、北四门以外，俱施假窗。塔心则在东、西二面各设佛龛一处。梯级上口设于南面，下口设于北面，在平面上与第二层梯级靠北的一段，恰相重合（图版1）。

第四层 门窗同前。塔心的西、南二面，各辟佛龛一处。唯梯级的位置，上口设于塔心东面，下口设于北面，在平面上成为十字交叉的形状（图版1）。自此以上，仅仅只有第八层的梯级与第三层一致，其余皆采用本层所用的方法。同时各层梯级的上口，自东而北，自北而西；而下口则自北而西，自西而南，逐层转换90°角度，成为周而复始的形态。此种方式，又见于河北景县的望夷塔，不过它的回转方向，恰和此塔相反。

第五层　平面，将梯级上口改于塔心的北面，下口改于西面。东、南二面各设佛龛一处（图版1）。

第六层　梯级上口，依顺序转至塔心的西面，下口转至南面，余二面仍设佛龛（图版2）。

第七层　……

第八层　……

第九层　……

设佛完（图版2），门窗的排列，自第四层至此，悉准第三层。

第十层　梯级的平面和上、下二层都成十字形，而上口则设于塔心北面，下口西面，余二面设佛龛各一（图版2）。窗的结构到此层忽然全部改为发券式的门，其高度与宽度，和东、西、南、北四面的门采用同一尺寸。

第十一层　平面更为简单，仅在塔心的南面设梯级下口，北面设佛龛一处而已（图版2）。外壁每面设门一处，与第十层相同。又此层在东南角辟天窗一处（图版15甲），可自此上达塔顶。

综合以上所述，此塔在平面上有二种值得注意的长处和缺点。它的长处，系在内部设有八角形的塔心柱，自基至顶，将各层梯级藏于塔心里面，不但为唐代初期的大雁塔、小雁塔所未有，就是比北宋同期诸塔置梯级于走道内的，更为方便整齐。它的缺点即各层都在东、南、西、北四面辟门，其余四面除最上两层以外，俱使用假窗。这种方法使有门的四面，与……不能平衡，而且……来，要步东北角的后尘。到那时塔心能否不受影响，却是很大的疑问。故就此点言，它的结构远不及江苏吴县罗汉院双塔，将各层门窗的位置依次调换，可以免除此种缺点。

外　观

式样：

此塔八角十一层，而第一层比例稍高，故在腰檐上，再加平座一层（图版3）。自此以上，各层仅施叠涩式的出檐，并无平座和柱额、斗拱等类的装饰，手法异常简洁。其各层高度和直径的比例，也均能搭配匀当，如初写黄庭，恰到好处；而且外轮廓线复具有很轻快的Entasis，故塔的形状秀丽莹洁，为北宋砖塔中不可多得的佳构。

此塔第一层虽然较高，但其上各层的出檐，并非重叠密接。而出檐的手法，又墨守北魏嵩岳寺塔以来惯用的叠涩式，故在式样上，只能谓为多层叠涩檐的塔。如与唐代砖塔比较，则此塔显系承袭唐长安香积寺塔的衣钵。所不同的是塔的平面由正方形改为八角形，以及第一层出檐上增设平座而已。

比例：

关于塔高和塔围的比例，旧籍中往往载有极简略的法则，归纳起来，可分为二种：

1.苏州姚补云先生所著的《营造法原》内谓："塔盘外阶沿口周围总数，即塔葫芦尖至地高低。"换言之，塔的高度等于阶台周围的总长。不过著者曾核算苏州罗汉院双塔的尺寸，并不与姚先生所述的符合。

2.河北易县宋千佛塔有明正统十四年《重修舍利塔记》，说"塔高一百又十尺，围以称之"。《图书集成》神异典记述山西应州佛宫寺，也说"塔高三十六丈，周围如之"。此外《江西通志》载清佟国勤重修南昌绳金塔，内有"高十丈六寸，八方周围共十丈一尺六寸"数语，都是说塔高等于塔围。按此所谓的塔围，也许就指塔身第一层的外围长度而言。但是此三者中，千佛塔和绳金塔未经调查；佛宫寺塔据梁思成先生测量的结果，也与《图书集成》所说的未能符合。

此塔的高度，据余辈测量所得的数字，自第一层塔内的地面至塔顶，共高79米92厘米，为现在我们所知道的国内最高砖塔。其第一层的外围，除去东北崩塌的三面无法量计外，其余五面，平均宽9.99米。以此为根据，推算第一层外围的总数为79.92米。在前述二种原则中，与第二种适相符合。不过此塔的宝珠，曾经明嘉靖间一度重修，是否和原来的高度相等，实属疑问。故此问题决非今日根据少数之例所能解决的。

第一层塔身的直径约为塔高四分之一强，自此以上，逐层收小。至第十一层，比最下的第一层约减去百分之四十二，与本辑所载吴县罗汉院双塔的比例相差不远。各层直径缩小的尺寸，虽未能为有规律的递减数，但可注意的是自第三层到第七层，各层所减之数甚微。可是从第八层起，此数……

……查以后，恐怕不易发现正确的结论。

层　数	直　径	较下层缩小之尺寸
第一层	24.20 米	
第二层	20.28 米	缩小 3.92 米
第三层	19.55 米	0.73 米
第四层	19.18 米	0.37 米
第五层	18.30 米	0.88 米
第六层	17.60 米	0.70 米
第七层	16.86 米	0.86 米
第八层	15.57 米	1.29 米
第九层	14.02 米	1.55 米

层　数	直　径	较下层缩小之尺寸
第十层	12.15 米	1.87 米
第十一层	10.12 米	2.03 米

此塔各层的高度，据测量结果，也未成为递减式。其中最特别的，是第四层反比第三层稍高，第七层与第八层仅差两厘米，都是异常奇特的现象。兹将实测尺寸，表列于后面以供参考。

层数	高度	较下层减低或加高
第一层	10.28 米	
第二层	7.07 米	减低 3.21 米
第三层	6.40 米	减低 0.67 米
第四层	6.50 米	加高 0.10 米
第五层	6.10 米	减低 0.40 米
第六层	5.80 米	减低 0.30 米
第七层	5.37 米	减低 0.43 米
第八层	5.35 米	减低 0.02 米
第九层	4.44 米	减低 0.91 米
第十层	3.93 米	减低 0.51 米
第十一层	3.04 米	减低 0.89 米

平座:

此塔的平座，仅设于第一层出檐上面，其余诸层均无此制。平座上所施砖制的斗拱，排列异常丛密，其外观结构可分为二种：

1.最普通的仅用偷心华拱三跳，跳头上施素枋一层，无瓜子拱与令拱（图版8甲），不过素枋的背面，向后延长与下层素枋或柱头枋的上皮相交，与木造物稍异（插图4）。栌斗的左右，仅用柱头枋一层，表面未隐出泥道拱，也异常简单古朴。

2.前述偷心华拱，每隔二朵，又插入具有斜拱的斗拱一朵（图版8乙）；其结构在栌斗的左右角，各施斜华拱一缝，每缝三跳。栌斗的中央则改为普通华拱二跳，跳头上安设翼形拱一具，托于平座外口的素枋下面，故中央华拱的出跳，比两侧者稍大（插图4）。

除此塔外，现存山东、河南二省的北宋砖塔，使用斜拱和翼形拱者，在数量上，不及普通斗拱之多，可见此种式样，纯系地理的关系，接受燕云一带木建筑的影响。斗拱上的彩画，有红地上画黑道，及米色上施绿道的二种。

出檐：

各层出檐的结构，系用叠涩式的砖向外逐层挑出。其最下一层的叠涩，大抵用砖三层。其次用砖二层。自此以上至于檐口，皆用一层。而各层叠涩挑出的长度，愈往上愈增加（图版11甲），故在断面上，成向内凹入的曲线（图版9乙、10甲）。案北魏嵩岳寺塔以来，凡规模较大的砖塔，几乎都是如此，仅本刊所载的济源县延庆寺塔和其他少数墓塔与小石塔等，断面偶然采用直线而已。此塔因建于北宋初期，所以出檐的结构还谨守旧型。唯自此以后，木构式样砖塔日趋发达，此项方法便稀如星凤矣。又此塔出檐之内，每每夹用木骨，以补助砖的荷载力，也是极可注意的事项。

出檐外口离塔心的距离，第二、第三两层相差无几。自第四层起逐渐增大，殆为塔心外轮线构成Entasis的主要原因。其尺寸如下：

层　数	出檐外口距塔心之距离	较下层缩小之尺寸
第二层	11.39 米	
第三层	11.32 米	0.07 米
第四层	10.97 米	0.35 米
第五层	10.52 米	0.45 米
第六层	10.10 米	0.42 米
第七层	9.60 米	0.50 米
第八层	8.76 米	0.84 米
第九层	7.86 米	0.90 米
第十层	6.87 米	0.99 米
第十一层	6.01 米	0.86 米

出檐上所涂的色彩依叠涩的层次，用朱、绿、黄、黑、灰等色，互相综错。同时在门券上，另绘缭绕而上的火焰，至出檐外口为止。

出檐的上口仅第一层和第十一层铺瓦，其余各层都铺砌青砖（图版9甲），故其功用实兼出檐与平座为一。

门：

第一层在东、西、南、北四面辟门。门上加圆券。券的直径，比门的面阔稍大，无疑地乃从前施工时为装设架木起见，采取此种式样（插图5）。圆券正中的龙门石上，粉有深红色的矢状装饰，也许表示尖拱的意义。其外再加方框，框的上部施有扁而长的门簪二个，和辽代遗构一致。框外再饰花边一道，隐出卷草和龙凤，简洁矫健（图版7甲），不类明以后的作品。

花边上所施砖木合构的雨搭，完全模仿木建筑的形式（图版6乙）。最下用阑额一层，自墙面挑出少许，两端施木制的垂莲柱。阑额伸出柱外的部分，与普拍枋转角处所刻的海棠曲线，均像元代惯用的手法。其上再施四铺作单昂斗拱四朵，间隔颇为疏朗。昂系木制。要头雕作龙首形，和大同善化寺金天会、皇统间建造的三圣殿异常类似（图版7乙）。令拱上的替木业已连续为一，唯橑檐枋仍保持长方形的断面。此外，栌斗两侧所施拱身较高的泥道拱，和柱头枋表面隐出的正心慢拱，都非明以后所能见到的。檐端用方椽二层，其上瓦垄现已凋落，只存微微反曲的博脊，和两端绿琉璃的兽头而已（图版6乙）。据式样判断，此门和雨搭虽不能断为北宋至和年间的原物，但至迟也不能比元代更晚，不过兽头、瓦饰当然不在此列。

入口各部所涂的色彩，虽然大部分已经剥落，还可辨出边框内的花纹，涂有红色。斗拱涂绿色。垫拱板绿地红边，中央描绘花纹。橑檐枋正面涂红色，底面涂绿色。

上层各门的面阔和高度，随着塔身的比例，逐层缩小。门的上部，大都在圆券处施过梁一根，上面叠砌砖壁。门框上又饰以门簪二个，雕刻各种花纹。框的外面仅加简单的外线，无别种装饰。

窗：

此塔第二层至第九层的窗，除第二层西南面用发券式真窗（图版10甲）以外，其余都在墙面上浮雕假窗（图版4甲）。窗的周围做出边框形式（插图6），很像唐会善寺净藏禅师塔的手法。框内的棂子共计十一种，其中仅第九层使用直棂，余皆为几何形花纹。内有六角形内配列菱花的一种（图版10乙），显为明、清二代菱花槅的祖先，很足珍贵。棂子及子桯，从前涂有红色。

塔顶：

塔顶筒瓦系以绿色琉璃瓦和布瓦合用一处，而垂脊则纯为绿琉璃制，表面刻有龙云（图版11乙），这显然表示塔顶全部原来都用琉璃瓦，而布瓦乃后来所加的。但青灰色的板瓦尺寸颇大，其底部复附有凸起的圆钉一排，即使为后代所葺，也应年代较早。垂脊的前端，各置铁人一躯（图版12甲），依山东灵岩寺辟支塔所示的式样，此铁人系牵挽相轮下铁链用的，可是此塔现在并无铁链，也许在明嘉靖重修时，与相轮同时取消亦未可知。

垂脊的上端，饰有兽首。其上再施反叠涩的砖，向内收进。再次在八角形须弥座上，置比例雄巨的莲瓣一层（图版12乙），其尖端恰与下面的垂脊相对（插图7）。莲瓣中央累砌崇峻的台座，下广上削，平面皆作圆形。其上装置铁制的俯莲。次八角形束腰，表面饰以八卦文，次仰莲，次铁座，铸有"大明嘉靖十五年（公元1536年）三月造，定州卫致指挥施铎"十余字。最上则施青铜制的宝珠与葫芦（图版12乙）。纵观此部结构，已将佛塔上最重要的覆钵和相轮全部略去，足以证明代砖塔的刹，已尽忘北魏以来的旧型了。

内部结构

外壁：

此塔外部壁体的厚度，极不规则，为叙述便利计，姑大体分为四种。（甲）厚度在4.5米者仅第一层一处。（乙）第二、三、四层，同为3.16米。（丙）第五层至第九层变化于2米与3米之间。（丁）第十层与十一层，在2米以内。虽然各层的厚度由下而上，自4.5米减至1米余，可是据核算的结果，所减之数，并未成为有规律的递减数，恰与前述塔身的直径同一情状。

外壁的砌法，据东北角崩塌处所示，墙的内、外二面，皆随着八角形每面的方向，各砌有Stretching course一层，不与内部壁体联络。故二者之间，现已发生裂缝，有随时分离的危险（图版13甲）。又壁内往往在平棊上，砌有平面45°的砖数层（图版13乙），也许因联络内外的缘故，采用此种方法。

墙壁上的发券和穹窿，使用普通砖砌成单券，施工异常草率，故裂缝和脱落的地方随处可以发现（图版14甲、乙）。又走道穹窿的转角处，及第十一层气窗下，并无砖骨（Rib）承托（图版14甲、15甲），都可表示当时匠工对于此种结构，实无深刻的认识。

走道：

外壁和塔身的中间，辟有走道。走道的上部有二种不同的结构：

（一）第一层至第七层，在平棊上面，自两侧墙壁用叠涩式（Cobelling）的砖相向挑出（图版16乙），以承载上部的重量。其上所砌之砖，除砖的长面与走廊方向平行外，其间又插入平面45°的砖数层（图版17甲）。不但叠涩上如此，甚至近走道表面处也偶然使用此法（图版17乙）。不过走道表面的砖缝，则多与走廊方向成90°的直角。又走廊转角处的"虎头倒"，或用或不用亦不一律。

（二）第八层以上至第十一层，未施平棊，仅仅在走道上构Stretching coarse的穹窿（Barrel Vanlt），异常简单。

斗拱及平棊：

走道上部的斗拱和平棊的结构，只有第二层在平棊下，用偷心华拱三跳。其余第一层和第三、四、五、六、七等层，皆为二跳。兹以第一、第二两层为代表述叙如后。

第一层走道的上部，自壁面砌出柱与阑额，其上直接排列砖制的斗拱，并无普拍枋（插图9）。斗拱的朵数，在走道外侧者，每面连转角铺作，共计十二朵；内侧则仅八朵。栌斗正面，出偷心华拱二跳。第一跳跳头上施素枋，第二跳施算桿枋（图版18甲），栌斗两侧则施柱头枋。所有拱和枋的结构，都能顾及到材料的本质，采用与砖质相宜的比例，而不为过分的模仿。算桿枋上面，又搁置扁而平的支条砖，上面做出凹口，以承载天花砖（插图8）。而每一天花砖之间，又施断面狭而高的支条砖（图版18乙），在平面上和算桿枋成九十度角度。不过现在走道内侧的斗拱，比外侧稍高，不知是受外壁沉陷的影响，抑原来即已如此。

天花砖的底面，浮雕极精美的几何形花纹和龙凤、花鸟等等（图版19甲、乙），构图、描线俱臻上选，为此塔雕饰中最精彩的一部。此项手法，又见于北宋山东长清灵岩寺辟支塔，和河南武安的常乐寺塔，知为当时砖塔中通行的方法。

第二层在走道阑额上，外围施斗拱九朵，内围七朵。其结构与第一层不同的地方：（一）偷心华拱增为三跳（图版20）。（二）每隔一朵，插用具有斜拱的斗拱一朵（图版20），形制结构和前述外侧平座的斜拱完全符合。（三）华拱跳头上所施的素枋和算桿枋，也与平座一样，未做出枋的真正形状（插图9）。走道转角处的斗拱，则多数用华拱三跳，承托角上的算桿枋（图版20甲）。但也有在第二层华拱上面，仅施翼形拱一具的（图版20乙）。其上之天花砖尚保存十之八九，所雕花纹精巧而富变化（图版20甲、乙，21甲），内有浮雕宝相花的一块，叶上所涂绿色还未完全剥落，足证从前此类砖上，都施有彩色。

前述第一、第二两层的斗拱，虽然因砖造之故，不能与木造物的比例完全符合，可是大体相差不远，并且栌斗与交互斗的"欹"和华拱上的"栔"都比较高，足为北宋建造的证据。兹将实测尺寸表列如次，以供参考。

	第一层平棊	第二层平棊
栌斗长	0.26 米	0.385 米
栌斗通高	0.15 米	0.195 米
耳高	0.06 米	0.057 米
平高	0.02 米	0.036 米
欹高	0.07 米	0.102 米
交互斗长	0.20 米	0.215 米
宽	0.195 米	0.215 米
通高	0.15 米	0.16 米
耳高	0.07 米	0.07 米
平高	0.02 米	0.035 米
欹高	0.06 米	0.055 米
材高	0.24 米	0.17 米
宽		0.145 米
栔高		0.105 米
第一跳	0.255 米	0.16 米
第二跳	0.225 米	0.177 米
第三跳		0.193 米
柱头枋高		0.17 米
素枋高	0.24 米	0.17 米
宽	0.10 米	
逢椽枋高	0.16 米	0.18 米
宽	0.105 米	

第三层以上，偷心华拱复减为二跳（图版21乙—23甲），拱的比例也随之减小。不过各层斗拱的朵数或多或少，却参差不一；如第七层与第二层一致，而第四层每面外围用十朵，内围用八朵，反比第二层增多。

第三层的平棊天花砖尚存全数十分之六。可是自此以上，因走道高度逐层减低的缘故，竟被盗去大部。而第五、第七两层，除天花砖外，又有在木板表面，描绘和下层砖刻同样的花纹，大概是后代修理时添补的。

关于斗拱上所施的彩画，最下三层现已剥落。唯第四层栌斗和拱的外棱缘道，都用墨色；其内绘绿色的"退晕"二道——即由浅绿退至深绿——中央再加黑心（插图10）。栌斗的"歙"则另施绿色莲瓣，与河北省南部及河南省北部通用的方法一致。第五层至第七层的斗拱，均在灰地上加黑缘道和黑心，无晕（插图10）。素枋与算桯枋、平棊枋等，都是正面涂黑色底面涂红色，上加回文。支条砖与天花砖俱涂绿色。此种灰地黑缘道的彩画，又见于河北安平县圣姑庙，在时间上，恐怕不能比明代更早。

塔心：

此塔在走道内，构有八角形的塔心，内藏梯级，外设佛龛，不论在功用上或结构上，都为全塔最重要的部分。其法是否受木塔中心柱的暗示，抑因环行礼拜的缘故，或从北魏石窟的支提塔演变而成，现在尚难断定。然而在结构上，此塔外壁崩塌四分之一，仍能屹然健在，不能不归功于塔心的结构异常坚牢，足以维系其他未倒塌部分的缘故。

塔心结构因为各层外壁都是向内收进，故塔心的直径也随之缩减。并且各层平棊下的斗拱和外侧的平座斗拱异常类似，致使观者从缺口上瞻望，往往误会大塔之内另有小塔一座（图版5甲）。最初发表此项误解文字的，就是关野贞与常盘大定著的《支那佛教史迹》。现在翻译该书

《评解》第五册第203页中关于此塔的记载如次：

"塔内更有一小塔，四面设佛龛，安置佛像。两塔的中间设步道依梯级而登，得达最上层。下层步道上面构有平棊，内浮雕很精美的几何形纹样及花鸟等等。第二层以上，则为穹窿。"

按文中的错误，共有三点。（甲）误认塔心另为一塔。（乙）误梯级设于走道之内。（丙）误第二层以上，走道上所覆的为穹窿。大概关野、常盘二氏调查此塔时，因为塔门封闭，未曾登塔细查，而日后又依相片和追忆加以描写，以致发生上述的错误。其后喜龙仁（O.Sirien）在他的巨著《中国美术史》（History of Chinese Art）内，也以讹传讹，抄袭内、外两塔的臆说。本文著者为尊重事实起见，不得不加以辩正。

暗层：

第一层和第二层的中间，在塔心内构有等边八角形小室一间，每面约宽2米（插图2），现在室内砖砌的普拍枋业已大部残毁，唯斗拱则尚保存完好。斗拱分二种：（甲）在角上者，施华拱三跳；（乙）角拱至角拱之间，每面再施补间铺作一朵（图版24甲），其结构为在栌斗正中用华拱二跳及翼形拱，两侧再加斜华拱三跳（插图11），与外部平座的斗拱完全相同。又栌斗左、右和华拱跳头上，仅仅施柱头枋及素枋，表面连拱交隐，如鸳鸯交手拱的形状（图版23乙）。

前述华拱第三跳的前端，载算桯枋一层，构成八角形的井口。据说从前井口上面，曾有周斜中平的木造藻井，但现在全部毁坏，不能证实。算桯枋后面，顺着下部墙壁的方向，砌直砖一排，其上再构尖状的穹窿（Dome），其高度比半径约增三分之一（插图11）。Dome的表面再施类似阳马的砖骨（Rib）八条（图版24甲、乙）至中点留有圆形面积一块，全体形范很像大同华严寺薄伽教藏殿的藻井。也许此部原来就是模仿木建筑而造的，不过平面上的差别，一为八角形，一为圆形而已。

砖骨与砖骨之间逐层挑出的砖，和砖骨本身均用极简单的叠涩式（插图11），可见我国的建筑匠工，自汉以来，虽经过很长远的时间，还不知应用发券的方法，造出真正的穹窿来。

梯级：

此塔的梯级全部藏在塔心里面，除去第一层东北角因崩塌之故无法查验，和第二层用转角式以外，其余各层皆取直上的方式。后者之内，虽偶然有上、下二层互相重合的地方，但大多数成为十字交叉形状（图版1、2），与山东长清县灵岩寺辟支塔和兖州兴隆寺塔，均属于同系统之内。又梯级上所覆的穹窿，在从断面上成Step形状（图版25甲）。每一step的长度，虽间有超过二米以上的，但以二米以内者占据多数。

关于第二层梯级转角处的结构（插图3），在正方形Landing的四面，构有圆券；券高70厘米，四隅砌出三角形的斜面，贴于八角形藻井之下（图版25乙）。其结构式样和前述暗层内的大同小异。此外南方宋代砖塔中，如苏州罗汉院双塔、报恩寺塔，杭州开化寺六和塔等，都采用同样方式，可知此种小藻井在当时很为普及。

其他事项

壁画：

塔内壁画，以第四层东南、西南二面走道壁上所绘的年代最古。现在一切色彩虽然受长时间自然力的摧残，几乎全部变成黑色，可是它的描线简劲，神情灵活和背面古朴的竹景等等（图版26甲至27甲），不像明、清人的手笔。又第八层走道壁面上所绘的佛像，每面有二尊与八尊二种。其西南面佛像下面题有："崇祯十四年（公元1641年）本州催

□□"等字。而南面有崇祯六年（公元1633年）和康熙元年（公元1662年）题字，西北面有乾隆二十七年（公元1762年）六月题字。根据佛像的姿态、衣褶与上部流云的式样，确系道地的明代作品（图版27乙）。

佛像：

此寺佛像现在共存三尊。一为定县民教育馆内所藏的铜像，《县志》谓为宋崇宁[19]。……恐至早不能超过明代中叶。

碑刻：

塔内的碑刻除一部分业已遗失，和东北面崩塌处无法考察以外，其树立于走道内或嵌入壁面上的尚有三十余通。其中《县志》所称石、文俱佚的宋至和元年（公元1054年）刘荃等《修塔记》，还嵌在第七层走道内；而皇祐四年（公元1052年）耿素等《修塔记》则在第十层；至和元年赵成等《修塔记》在第十一层，俱未遗失。兹将石刻目录表列如后，以供留心此塔文献者参考。

第一层	走道南面东侧清雍正七年（公元1729年）《重修宝塔佛像碑记》一通。
	同西侧元大德元年（公元1297年）《大元中山府大开元寺重修佛塔记》一通。
暗　层	明万历三十二年（公元1604年）题名碑一。
第二层	走道北面外壁一石，字迹不清。
	同西面外壁题名石一，无年代。
	同西面内壁宋咸平四年（公元1001年）《佛说金刚□□修塔陀罗尼经》一方。
	同西面内壁小石一方，已失。
	同南面外壁二石，字迹不清。

续表

第三层	走道北面外壁一石，字迹不清。
	同北面内壁题名石二，字迹不清。
	同西面外壁题名石二，磨灭不清。
	同西面内壁二石，已失。
	同南面外壁题名石二，无年代。
	同南面内壁二石，西侧者题"大中祥符四年（公元1011年），岁次辛亥……"东侧者遗失。
第四层	走道北面外壁题名石一，字迹不清。
	同西面外壁题名石二，无年代。
	同南面外壁二石；东侧题名石无年代，西侧者字迹不清。
	同南面内壁二石，已失。
	同东面外壁一石，有本州使院邑众等题名，无年代。
	同东面内壁一石，有"嘉靖壬寅（公元1542年）三月"数字。
	同东面内壁二石；南侧者刻"乙酉仲夏日吏科给事中蜀南克宜庵、杨文举"题诗。
第五层	走道南面内壁二石，已失。
第七层	走道南面外壁题名石二，无年代。
	同东南面外壁一石，题"新乐县清化乡累头村《法华经》邑众刘佺、吴绪……所为生身父母，法界有情，同占利乐，上到兜率，至和元年（公元1054年）七月"。
第十层	走道北面外壁一石，题"皇祐四年七月十八日同修塔，结尖了毕，善友施主等具列如后，在州都押衙耿素、吕从，南门街西刘素、郭素……"
第十一层	走道西南面内壁题名石一，内题"史家疃张吴母刘氏……左侍禁北平军兵马监押赵成记"。据民国《定县志》卷十九，此石系至和元年所立。
	同东南面内壁一石，刻明嘉靖十六年（公元1537年）岁次丁酉，畿里溃人池南子唐锜题诗。

注释

[1] 民国《定县志》卷十八《七宝瓶铭》：正始二年正书。石形如盆，周少低，中央为圆空，文分上、下两列，刻于四面，回读右行。"太和十六年（公元492年），道人僧晕为七帝建三丈八弥勒像、二菩萨，□□文造素，至景明二年铸镌竟。正始二年（公元505年）岁次乙酉二月壬寅朔四月铭旨，三州教化大像，用赤金三十六万六千四百斤，黄金二千□百斤。二菩萨用赤金四万六千斤，黄金一千一百斤。大魏今上皇帝陛下，忠慕□追，孝诚通敏，班旨三州，率宣功就，略表始末，铭之后代耳。七宝瓶前定州刺史彭城王元勰、定州刺史城阳王元鸾。"

此石民国初在料敌塔前出土，旋移置众春园御碑房下，逾年为奸人窃去，或云已售之天津李小石氏矣。按七帝寺之建，不见于史。而太和十五年（公元491年），魏之太庙始成，迁七庙神主于新庙。当时或以中山重镇，仿建七庙，若陪都然。《集古录》谓宣武帝以七庙所立，谓之七帝寺。以此刻证之，太和十六年已为七帝造像，则七帝寺殆建于孝文之世，非宣武决也。既立七庙，刺史元鸾遂造像为七帝祈福。史称元鸾笃信佛法，此亦一证。其列前刺史元勰者，勰当时有清名重望，虽去位，犹列之也。景明二年（公元501年），明年"二"字虽泐，可以考定。余参见《正解寺碑》下。

[2] 民国《定县志》卷十八·高归彦《造像记》，武定元年正书，二十七行，行七字。"盖闻般若无源，慈悲有感。众生启寤，孰不尊崇。大魏使持节都督定州诸军事骠骑大将军、定州刺史当州大都督弟子高归彦，不识过去，幸睹现世。凭缘□果，兼修将来。寂相渊微，理非可测。遂乃发此至心，割彼资业。广采名将（疑应作'匠'），琢饬妙形。粤以武定元年岁次癸酉四月庚申朔八日丁卯，敬造白玉释迦像一区。所愿法幢常建，香津普流。帝道升平，缁素同盛。大丞相勃海王明德弥融，庆流苗裔。家门大小，皆蒙福护。百禄盈朝，七宝曜室。男喆女贤，光显内外。与诸品类，共霑梵泽"。

　　此石记文完好无缺，于民国初年在料敌塔前出土，盖七帝寺故基也……今存众春园。

　　[3]民国《定县志》卷十八·《丰乐、七帝二寺造像记》，武定五年（公元547年）正书，十五行，行五字。记文下方题名十八行，行八字。

　　"大魏武定五年岁次乙卯二月戊辰朔八日，丰乐、七帝二寺邑义人等，慨悼浮俗，生灭难遣。众行然，知何自运。故仰为皇帝陛下、师僧父母、旁地众生，敬造白玉龙树思唯像一区，详崇供养。上坐僧宠、上坐慧郁、宝藏、知朗……"

　　按七帝寺在料敌塔南，丰乐当亦在七帝寺左近。石于近年出土，今存众春园……上坐僧慧郁，与开皇五年《七帝寺碑》之慧郁当是一人。

　　[4]民国《定县志》卷十八·《七帝寺碑》，开皇五年（公元585年）正书，三十二行，行二十三字。

　　"大隋开皇五年岁次乙巳八月乙酉朔十五日己亥，前定州沙门都故魏七帝旧寺主惠郁、像主玄凝等，以先师僧晕，去太和十六年敬造三丈八弥勒金像。至后周建德六年岁次丁酉，破减大像，僧尼还俗。至七年六月，周帝宇文邕因灭三宝，见受迦摩罗之患，扶天元，承帝改为宣政。至二年，以父坏法破僧，愿造大像，即改为大象元年。但周将灭，未即（疑应作'几'）禅位。大隋国帝主杨坚，建元开皇。自圣君驭宇，俗易风移。□天民宁，八方调顺。护持三宝，率遣兴修。前诏后敕，佛法为首。惠郁共弟子玄凝等，愿欲修理本寺。□复前像。旧□□他，悲号无及。离之咏，泣育心口。赖摩诃檀越前定州赞治并州总管府户曹参军博陵人崔子石、前萨甫下司录商人何永康二人，同赎得七帝寺院，价等布金，贵余祇树。一发檀那，双心俱施。并为俗寺主。从开皇元年造像头手。并镉大钟。至五年素起身跗，兼修宝殿。计七匣桂像，用布一万七千五百斤，用柒（整理者注：疑为'漆'）十二百升，黄金八万七千薄。像及殿合用钱五千七百贯。忽蒙敕旨，大县别听立僧、尼两寺。安熹令裴世元、王、刘二尉等，以七寺旧所，像殿俱兴。遂申州表省，置为县寺。兼道引群像，口率二长，详崇结邑，尊事伽蓝。并十二州左开府其元兵、右开府和元志、副仪同宇文义，演说军人，异心归善。胡、汉士女邑义一千五百人并心，四方并助。前刺史昌平公元严，后刺史南陈公豆卢通，并首尾匡究，慰喻经纪。像成殿就，并赖二公。但周帝灭像，患报非轻，劝今世后世，须尊重。像□之下，不安宝物。有奸盗，破毁口财。敬之敬之，铭示千载。寺僧昙识、僧道□、僧宝观、僧修静、僧道泽、僧晒□、僧洪顾、僧明儒、僧弁明、僧昙程，合寺一千三百僧。都维那郭仲口、王贵洛、郑倡敬、董景宾、卫默鬼、牛洪、段晕伯、王胡子、许神度、董叔仁、宋遵、杨零宾、王纯陁、李波利、杨伽。素（整理者注：疑为'塑'）像匠邢洪演、赵文远、苏奉仁。柒（疑为'漆'）匠刘松柏、路元和。大殿木匠王祖、李孝威、益君英。铭文王良预。书手刘雅铭。石匠杨静岩、郭登、郭悦。都当维那东方景仲，刘洪遵。"

按此碑与《七宝瓶铭》及《正解寺碑》三石，相为首尾。《七宝铭》为僧晖初次造弥勒像而记者也。像成，遭周武之厄，像寺俱废。至开皇五年，僧晖弟子惠郁重新修复寺像，此碑正记其事，于周武之毁佛教，三致意焉。《集古录》未见此碑，但见《正解寺碑》，遂谓寺基为赞治崔子石所舍。以此碑证之，知寺基已为周武时充公售出，至此崔子石与何永康施钱赎回，非崔一人之力，亦非寺属于崔也。僧晕，系晖字移日于上，观《正解寺碑》阴，并作比丘僧晖可证。石与高归彦造像同在料敌塔南出土，今存众春园。

[5] 民国《定县志》十八·《正解寺残碑》。开皇十六年，分书共四段。首段十六行，次段三十六行，三段二十一行，四段十三行。碑阴三十七行。高一尺四寸八分，广四尺三寸。行存十字、十二三字不等。

此碑旧著于《集古录》、《宝刻丛编》，皆云《正解寺碑》隋昌刘鼎卿撰。而《宝刻丛编》、《金石考》另载有《七祖堂记》。光绪初《畿辅通志》疑与此为一碑而两收者，大约□□《七祖堂记》，非指此碑，即指《七宝瓶铭》而言也。此碑已残破，今存者共四段。其首段旧在城内开元废寺，道光戊戌，知府沈西雍（名涛）辇至真定崇因寺中，其所著《常山贞石志》考证颇详。光绪十三年，定人张枚搜掘废寺，复得一段。又于义仓门外、五路寺台下，各得一段，并真定之石凡四段。此碑虽残，所缺无几矣。张氏遂之真定，索回前石。定绅王文泉遂建廊庑于众春园，以为藏石之所。真定一段中无年月可考。《贞石志》云，文有开皇二载及十二字，疑即纪年之语。及续得大段中，末有"六年，岁次丙辰四月癸未朔"十一字，乃知碑文之年，决是开皇十六年丙辰，干支可为铁证。《集古录》作十二年，"二字"写误也。盖七帝寺创建于太和十五年，而十六年僧晖并造弥勒大像，正始二年工竣，于是有七宝瓶之□，中遭周武毁废。开皇元年兴复寺像，至五年而竣。于是开皇五年之碑以记废兴。十六年改名正解寺。故第二段石上有"六年，□名胜地，遂诏改为"十字。"六年"上必为"十字"。"改为"之下必"正解寺"三字。七帝者本元魏之祖，时移世易，故改寺名，而又增修佛殿若干间，故文中又有"又造佛殿一□"之语。殿既成，诏赐寺名，并立碑以纪也。后又名开元寺，沈氏疑为唐开元时所改，或可信……

[6]雍正《定州志》："料敌塔又名大塔，在州治南开元寺中。寺僧会能尝往西竺取经，得舍利子。宋真宗咸平四年建塔，诏会能董其役。伐木于嘉山，仁宗至和二年始成。高十三级，围六十四步。盖筑以望契丹者，故名料敌塔。宋知州宋祁尝记岁月于巅，其八分书至为遒逸入古。每春征及佛诞午日，郡人醵金悬灯。不减长干寺报恩塔之胜概也。"

[7]《畿辅通志》："寺有料敌塔，本名大塔，在州治南。据《旧志》云，开元寺僧会能尝往西竺取经，得舍利子。宋真宗咸平四年，诏建塔，会能董其役，伐材于嘉山。仁宗至和二年始成。高十三级，围六十四步。盖筑以望契丹者，故又名料敌塔，知州宋祁曾记岁月于巅。明成化十四年，御用监梁芳、典簿罗钦、知州韩文、同知黄敏、递运所大使朱逵、指挥王辅、张杰合修。万历四十五年，有庞子文者捐资重修，历三年乃成。万历末年至天启初年两次地震，州人王云重修。本朝顺治十三年巡道刘兴汉加修。"

[8]《图书集成》职方典·第一百四卷："料敌塔有二：华塔定州治南。大塔定州治南开元寺中，僧会能创于宋真宗咸平四年。成于仁宗至和二年。高十三级，围六十四步。洞门八面，铁幢四落。飞窦悬梯，俯眺百里。宋知州宋祁

尝纪岁月于巅。洪武末，都督平安毁华塔甃城堞，去幢为戎器，而独留大塔以便防守。考诸传曰：宋阴筑以望契丹者，其在真定、景州者，亦此故耳。今以料敌名。正德己卯秋，武宗南征，驻跸于上，因洒宸翰于壁。过客往往登览，间有题咏焉。"

[9]《燕山丛录》："定州开元寺有塔名料敌塔，宋筑以望契丹者。高十三级。广六十四步。旁施铁幢。中贯数抱大木。登上级可瞰百里，仰视行云，势若摇动。宋失燕、云，以定州为边境，故潜备甚密。"

[10] 宋祁《景文集》卷二十·开元寺塔偶成题十韵："集福仁祠旧，雄成宝塔新。经营一甲子（自至道乙未经始，至至和岁乙未告成），高下几由句……"又卷十六登塔诗："率堵缘霄雁势联，凭阑清眺俯三川。春华已遍燃灯地，日气犹烘□两天。游盖结阴尘不动，饮筹催醨客争传。须知四级题名处，要记浮生六十年。"

[11] 民国《定县志》卷十九·宋进等《修塔记》，乾兴元年（公元1022年）正书，久佚。"《旧志》云：'料敌塔在州治南。真宗咸平四年（公元1001年）诏建，仁宗至和二年始成，盖筑以望契丹者。宋知州尝记岁月于巅云。'按塔建于咸平四年，至乾兴元年已十九年（著者按：应作二十一年）。更至至和二年，近五十六。以六十年而成一塔，似不近情。而宋祁开元寺塔诗，亦云经营一甲子，殊为疑问。及见此证乃知塔成于乾兴元年，知州宋进记其年月，所谓《料敌塔记》者是也。《通志》误以为二，并载之，非也。至和元年殆重修之年，抑或有增修之事，刘全、赵成记是也。有此石以为证，足知宋祁诗为不审也。"

[12]《大金定州创建圆教院记》："夫开元寺之东南有圆教院者，乃□教院也。……有所来矣。爰自圣朝抚定之后，有主僧……遂□□□招贤坊空闲官地贰段，计陆拾余亩，环筑垣墙，作院子居止。有……以给□□之用，四时无所阙矣。至大贰载幸□世宗□皇帝中兴，凡天下寺院……是时复有主僧□□，躬率清众，乐输货泉，以资于□官，谨请□□，敕赐曰：圆教院，即与开元寺□□

院……住口大定十八年亦有首僧口口，与众请……同心协力……者，施口口口，咸服其言，或……良工，创建大殿五间，经之营之，不日而成。弥陀三口，供具庄严。花果间错，朝夕……丹青妙手……山……北口左右……观其……水泉石口木……为当代绝口口而有口口沙门……未备者，欲以补完。遂于弥陀后屏，起塑观音大士及……字口犹……特命口口口平，悉令砌墁，左右前后，口整口口，由是缁徒寝广，梵教日隆。"

[13] 大德元年《大元中山府大开元寺重修佛塔记》："……汉、唐以来，佛教兴之久矣。且兹浮图者，肇大宋太宗时，有僧会能圣旨西天取经，得舍利子归。至真宗咸平四年七月十八日，首建是浮图也。至仁宗至和二年，还元易四主，凡修五十一年工毕。……口我大元皇帝岁次丙辰，国师那摩大师，圣旨赐白银重修是塔。级有佛像，风雨岁寒，渐口口落。自咸平四年，至天牟尼皇帝岁次丁酉，改大德元年（公元1297年），有三百年矣。有中义大夫宣差中山府达鲁花赤长达作都功德主，重修佛像。大夫祖别石八里人也，先父名脱忽里，钦授圣旨金牌，管领……僧人宣公欲更新焉，第赖众力，以共成口之葺。故吾定有鲍洪，民众恩恤，无不称美。日因休假……此地，仰而叹曰：人多钱财，贵于能施。多而口施，谓之守价直，皆诚心出备……""……为口任焉，不旬日间门窗墙壁，焕然尽新。……"

[14] 嘉靖十四年《重修浮图之记》："……中山古塔创自宋咸平四年。上人会能奉使西域，得秘藏真经、舍利子还。口真宗命董治之。……元后。鸠工庀材，斧竭嘉山之木。其间寒暑晦冥，凡易四君，落成于仁宗至和二年。拮据告荣……与治东华塔，均筑以舍利。宝塔高十二级围六十四步。顶贮舍利子，亘恒河沙法界……"

[15]（此处缺失）

[16] 雍正七年《重修宝塔佛像碑记》："……也。创始于宋真宗之咸平四年，落成于仁宗之至和二年。其间凡易四君，历五十八年而始成。……定武为河北重镇地，与契丹接壤，因名曰：料敌塔。而建于唐刹开元寺之后，又名开元

塔。……及明重修者，殆不乏人。至康熙庚子岁月　初八日地震，其周围四面，自上至下裂二寸许。宝塔□□。时□韩何公治定，会同合邑绅士，公义修葺。维时三十六约，士民欢呼踊跃，乐捐资财，计有千金。唯南面六门尚未告竣，而何公去定，工遂寝。以致佛像四十有五，俱未庄严。岁戊申余莅兹土。……其上。则见嘉山虎踞，□水龙蟠，挺出云霄之外，诚中山之巨观也。瞻仰金容，实切感叹。……未遑议及。州城之西堡子瞳子善女耿氏，目睹佛像之剥落。拮据从事，约费百有余金，半出募……囊。事毕建设道场。"

[17] 见郑锦先生《开元塔实况调查册》。

[18]《图书集成》职方典·第一百八卷："隆庆二年（公元1568年）正月，定州开元寺塔内，游人挤死。定州遇节登塔娱玩，是年正月十六日，群往游塔。忽相挤压，死者二百三十七人，寺僧取尸不能出，州守闻往登之，乃出。有未绝者，云见有神人摧击之。或谓妄传州守且至，惊□……此亦大变也。"

康熙《定州志》："定俗遇节登塔。明穆宗隆庆二年正月十六日群往登眺，有人诈言州守且至，游众惊迫，互相拥挤，压死二百三十有七人。"

道光《定州志》："清乾隆三十八年五月，村……塔，眺望者甚众，忽讹传州牧封锁塔门，游人惊恐，拥挤而下，压死者三百余人。"

[19] 民国《定县志》卷十九·□铜佛像："崇宁铜佛高九尺，横五尺，□手盘坐，两肩各带崇宁钱一枚。"

按：崇宁为徽宗年号，造像当在北宋之际。像出土敌塔后，今在古物保存所。

河南济源县延庆寺舍利塔

略　史

　　济源县北负太行，南临黄河，位于河南省的西北隅。因为从前被尊为四渎之一的济水发源于此，故自隋开皇以来，即称为济源县。县城建于离太行山南麓不到二十里的地点，东、西、北三面大半被沇水环绕，水色山岚和沿河的沙村野寺十分潇洒可爱。而城外西北一带还有不少喷泉，和济南趵突泉相似。其中济水的西源就在离城五里的龙潭，从前也是喷泉之一。龙潭的面积约占地一顷有余，其旁建有涵虚阁，桧柏菰蒲，参差掩映，景物异常清幽。自宋以来，文人墨客记述此一带风景的几如汗牛充栋，不可胜数。可是时移世变，龙潭到现在已全部干涸并犁为麦田了。本文所叙述的延庆寺舍利塔，即在龙潭故址的北侧。

延庆寺原称延庆化成寺，根据方志和碑文记载，系唐武后垂拱三年（公元687年）僧灭会创建的[1, 6]。不过除此以外，唐代的文献和遗物异常贫乏，仅仅只有宣宗时以理财知名的裴休，题有七律诗一首[2]，可以推知他对于此寺曾经一度布施而已。但是五代中叶的遗物现在寺内还留有数种。这也许因为河阳一带在唐末晋初之际，屡经战乱。此寺曾一度毁于兵燹，及至后唐庄宗灭梁以后，才次第兴建的缘故。兹介绍五代的遗迹如次：

（一）此寺的前殿现存八角形石柱一根孤立断垣中（图版　）。据残存的台基、墙壁和石柱的位置来推测，此柱显系当心间东侧的前柱。柱身表面刻有很平浅的卷草文，其上端题字可辨认的计有"口子孔琼施柱一根"，及"长兴三年岁次壬……"十四字。考长兴乃五代后唐明宗的年号，长兴三年（公元932年）又恰好是壬辰，干支也相符合。可见此寺在军事结束后，旋即接受信徒的拥戴和施舍，进行了复兴工作。

（二）大殿前面有八角形残幢一段（图版　）。镌刻后晋高祖天福八年（公元943年）符彦卿《修石香台记》。幢身后面，又刻有金世宗大定十四年（公元1174年）符思间《重修石香台记》一段。

（三）后晋幢的东、西二侧各有残幢一基，唯所刻铭记，都已漶漫不可辨认。据顾燮光《河朔访古新录》[3]，知西幢建于后唐闵帝应顺元年（公元934年），比前殿的石柱仅仅只晚二年。东幢则建于后周太祖广顺二年（公元952年）。

北宋初期有蜀人陈省华曾任济源县令，其子尧叟、尧佐、尧咨等，皆读书延庆寺中。后来省华父子四人都跻身将相。至北宋神宗熙宁间（公元1068—1077年），其曾孙知俭乃建四令祠于寺的西院[4]，司马光为作《四令祠堂记》，一时传为美谈。这事虽与寺中的建筑并无直接关系，但是后来延庆寺的著名也未始不与这一段故事有关。

北宋仁宗皇祐年间（公元1049—1054年），寺的西北角曾建有六角七层的舍利塔一座。关于造塔的经过，仅见塔的第一层小室内所藏的宋景祐三年（公元1036年）《大宋河阳济源县龙潭延庆寺禅院新修舍利塔记》，其概略如次：

"……孟州济源县通慧禅院比丘法言者，蓄诸佛舍利数十粒，千佛之遗体也。……欲谋塔置，未得其所。至诚感应，果有其人。河阳军念定寺僧教岸言议成就，而济源县延庆院主僧省初晓之，共济其事，乃口院之西北隅爽塏之地而建焉。……得鸠财之士程文政等十人，口功埏埴，寒来暑往，暮半而就。塔高一百尺，级数凡七层，以景祐三年三月十一日毕功。……景祐三年六月二十七日建。"

前文内关于造塔的缘由和落成年代，虽然叙述得异常详尽，可是此塔的始工年月却略而未载，仅据塔内第三层北墙上所嵌的《功德碑记》，知景祐元年（公元1034年）五月，才造至第三层。

"清信弟子张翼、女弟子王氏口以愿，将舍净财，独修舍利塔第三级。计便条砖贰万口，佛砖贰佰贰拾口，石灰捌百拌，体工壹佰工口，食米麦伍拾硕，砌匠等功钱壹佰贯文，并葬舍利金棺壹座，第壹级下前、后门贰合。自三月十五日下手，至五月十五日毕工……景祐元年岁次甲戌五月十八日记。"

又据塔内第四层东北面墙壁工嵌砌的碑记，知第四层成于景祐二年（公元1035年）二月。

"条砖一万五千口，角梁八条，赏手工钱五贯文，米麦五石，已（按应作'以'）上马谅、母樊氏、妻王氏施。石灰陆佰拌，大砖三百口，佛砖壹百五十口，粮肆拾石，请杂工匠钱九十贯文，已（应作'以'）上僧法言抄化十方施主。角铃陆颗，秦勋施。佛砖五十口，进士郄弁施。右件物料、工钱等，并依数供施到。砌造了毕日马谅、斋僧庆赞记。景祐二年乙亥岁二月日僧法言记。"

根据此上二碑，我们对于塔的始工年代虽然仍不明了，但是依照三、四两层的完工年月，可以臆想此塔的创始，必不出仁宗明道元年或二年（公元1032—1033年）之外。至于造塔的经费，显然和定县的料敌塔一样，系随着工事的进行，向各方募化而来的。

此寺自建造舍利塔以后，有关金、元二代的文献，除去明正统碑中有"宋、金重修"一语[5]，和金大定十四年前述刻在后晋天福八年石幢后面的符思间《重修石香记》以外，现在尚未发现别种证物可以引用。但是明、清二代的修造纪录，因年代相去不远，比较丰富，兹表列如次：

明	太祖洪武间（公元 1368—1398 年）	洪武间重修[1]
	英宗正统十年（公元 1445 年）	住持樊仲保募修正殿、天王、东、西等殿，左、右斋堂，前、后三门[5]
	天顺八年（公元 1464 年）	僧慧铎修[6]
	武宗正德十五年（公元 1520 年）	僧慧斌修[6]
	思宗崇祯十三年（公元 1640 年）	寺遭兵燹，仅存正中西佛殿[6, 7]
清	世祖顺治十六年至圣祖康熙十七年（公元 1659—1678 年）	修地藏、天王殿、伽蓝殿、东西方丈、左右禅庑[6]
	世宗雍正元年（公元 1723 年）	重修伽蓝殿，并金装佛像[8]
	高宗乾隆八年（公元 1743 年）	创建关帝庙，及修石桥、墙垣[9]
	乾隆三十一年（公元 1766 年）	修中佛殿[9]
	乾隆三十二年（公元 1767 年）	修东殿[9]
	乾隆三十八年（公元 1773 年）	修甘公祠大楼[9]
	乾隆三十九年（公元 1774 年）	修西殿[9]
	乾隆四十年（公元 1775 年）	修书房、厨房[9]

清	乾隆四十二年（公元 1777 年）	修天王殿[9]
	仁宗嘉庆六年（公元 1801 年）	改东南戏台为文昌阁[10]
	嘉庆七年（公元 1802 年）	重修大佛殿[11]
	嘉庆十三年（公元 1808 年）	重修关帝殿[11]

据前表所示，知此寺在明崇祯十三年（公元1640年）为匪盗所毁，仅仅只留下中、西佛殿二处而已。但清康熙十九年（公元1680年）碑中并无一字提及舍利塔的修葺，似乎此塔在当时不曾受到重大的创痍。

寺的现状

延庆寺的形状，依平面配置可分为三部分（插图1）。

（一）中部为寺之主体，由前、后二院结合而成。前院的最南端，建有天王殿三间，其东辟有旁门一处，规模都异常简陋。天王殿的正北有面阔三开间的殿座故址一处，现在仅存一部分的墙壁，和后唐长兴三年石柱一根，以及明间残幢二段，西次间宋景祐三年碑一通而已。据碑记所示，此寺除正殿之外，又有大佛殿、中佛殿、地藏殿、伽蓝殿、天王殿、东西殿等等，但不知此殿是原来的中佛殿抑伽蓝殿，却无法决定。现在此殿与天王殿的中间，建有配殿二座，东西对立，都是面阔三开间的小建筑。其后复有小殿二座，东西相向，但其方向却并不平行，而将北端向内微斜，似乎与前述的配殿不是同时建造的。

后院正北原有正殿一座，现亦屋顶倾落，仅余残败的墙壁屹立荆莽中。月台中存有残幢三基，现仅中央一幢（图版　）可辨为后晋天福三年所建，其余皆漫漶不可复识矣。再前有方亭一所，内无碑碣，不谂原来作何用途。又月台的左、右建有东、西配殿各五间，正面设有走廊，比前院配殿体制稍为崇大。

（二）寺的西部现在仅存面阔三间的书楼一座和楼北的舍利塔。除此以外，皆蔓草荒烟，冷落异常。

（三）东部以关帝殿为主体，其前建有文昌阁三间，即清嘉庆六年（公元1801年）碑所载自戏台改筑者[11]。现在阁的西面辟有一门，与延庆寺出入不相淆混。

此寺的建筑物，除去舍利塔以外，其余都是平淡无奇的清代小式建筑，毫无叙述价值。但是前殿和正殿的位置，根据石柱铭刻及经幢的地位，与清康熙碑所载的"兵火荒残，仅存正中正佛殿"[8]，似乎在五代中叶，即已创下现在的规模了。证以宋景祐三年碑所记舍利塔的位置，在"院之西北隅爽垲之地"，更属毫无疑问。不过东南角上的关帝殿一区，未见于明代碑记，大概系清以后方自延庆寺划出的。

塔的平面

此塔外观六角七层，虽属于多层塔的系统，但是内部可攀登的却只有六层。兹自下而上，逐层介绍如次。

第一层：

在南北二面，各辟入口一处（插图2）。南面入口里面，有很短的走道，可以导至塔中央的内室。室作六角室，内置碑三通，而以北墙下的宋景祐三年《新修舍利塔记》最为重要。北面入口的西侧，有走道折向西南，内设梯级可登至第二层。在原则上，此塔的平面配置，极与时代略早的开封繁塔类似，所不同的唯梯级的位置，一在西侧，一在东侧而已。

第二层：

内部亦设有六角形小室一间，而室的中央，后留有六角形缺口一处，也与繁塔一致。其南壁开门洞，可供采光、观景。西南、东南二面，则设梯级上、下口各一处。不过此塔因面积过小的缘故，其梯级上口系通至上层塔身外的平座，沿着宽度不到一尺的平座上口，再绕进南面的门洞。这种奇特险峻的方法，自第二层以上，都是如此，不是其他宋代砖塔中所能见到的。又此层塔身的北面，有凹入的佛龛一处，但佛像业已遗失。

第三层：

平面大体与第二层相似。唯在内室的东南、西南二面，各设梯级上口，成为对称的形式。

第四层：

梯级上口改至内室的北面，余项略如下层。

第五层：

梯级的上口设于内室的东北、西北二面，与第三层恰相反对。又此层因梯级的关系，外壁北面未施佛龛。

第六层：

无梯级上口，仅在内室的东北、西北二面各设下口一处。外壁佛龛则增为三处。

第七层:

系实心, 不能登临。塔外壁每面各设佛龛一区。

外　观

此塔六角七层, 自第一层塔内地面至塔顶的高度, 共高26.45米, 约为第一层直径的四倍, 与本辑所载河北定县开元寺塔异常接近。它各层间的高度, 依照开元寺塔的先例, 也只能以一层叠涩檐的外口, 至上层外口间的距离为标准。根据此种方法推算的结果, 除去第七层反比第六层略微增高以外, 其余各层高度尚能大体维持我国木塔逐层递减的原则 (图版　)。故就外观上所表示的比例来看, 它完全是唐西安诸塔的流裔, 不过塔的平面, 则改为六角形而已。其各层高度和增减的数字如次:

层数	各层高度	比下层减低或升高
第一层	4.24 米	
第二层	3.53 米	减 0.71 米
第三层	3.22 米	减 0.31 米
第四层	3.08 米	减 0.14 米
第五层	2.85 米	减 0.23 米
第六层	2.48 米	减 0.37 米
第七层	2.78 米	增 0.30 米

至于各层直径的尺寸，和第二层以上直径的差度：

层数	各层直径	比下层缩小之尺寸
第一层	6.77 米	
第二层	6.40 米	0.37 米
第三层	6.12 米	0.28 米
第四层	5.85 米	0.27 米
第五层	5.58 米	0.27 米
第六层	4.95 米	0.63 米
第七层	3.80 米	1.15 米

前表中所示的结果，也极与定县开元寺塔相似：即各层直径的差度，最初由大变小，约莫达到塔高二分之一与三分之二之间。忽又由小增大，而最上一层所增的数字，尤超过其余各层。这种缩减方法，无疑地即是塔身轮廓构成Entasis的重要因素。

不过此塔各层叠涩檐挑出的长度，据实测结果，并不与前述各层塔身的直径成正比例。连接各层出檐的外口，画一外轮廓线，便可发现此外轮廓线系由四段直线构成：即第一层至第三层，约略成一直线；自第三层至第五层，也是直线，自此以上第六、第七两层，却各成一段，维持着很鲜明的Entasis。不过照下面所述的各层出檐，似乎曾经后代修葺，因此目前的外轮廓线自然也不是原来的面目了。

关于局部的结构，此塔外部未曾施用柱额、斗拱，而仅在各层壁体的上部砌出横带一条，比壁面微微挑出少许，其上即施砖砌的叠涩檐（图版　）。塔檐的结构，每一叠涩仅用便条砖一层向外挑出，砌至外口，复用反叠涩的砖层向内收进。此项出檐因受风雨的摧残，业有一部分崩毁，但其切断面无论上下双方，均采取直线式，则仍易于辨析（图版　）。又据前引景祐二年功德题记，马谅、母樊氏等曾施舍角梁八条与角铃六颗。按照定县开元寺塔及其他宋代砖塔的结构，此项角梁系为补助砖造物抗张力的不足而插入出檐内的。其角铃似系模仿木建筑的成法，悬挂于角梁的前端。但此二者现在俱无痕迹可认，足证此塔的出檐，必经过后代的修葺或改筑，绝非原状。不过现在寺内保存的明、清二代碑记，并无此项修理记录，故其改修年代已无法追索矣。

外壁上嵌砌的佛像砖比壁面略微凹进少许，使周围壁面形成边框的形状（图版　）。佛像砖的数目：第一层计六列，第二层至第五层减为三列，第六层二列。第七层外部虽未曾使用佛像砖，但壁面上仍砌出边框的形式（图版　）。所有佛像砖皆于尖形的龛内安置莲座，其上趺坐佛像一尊，两手抄合作入定相（图版　）。砖的颜色微带浅黄色。每列佛像砖之上，插砌便条砖一层或二层；而各砖的左右，插入竖砖与否，亦极不一律。

门的式样仅有二种。其一为第一层的前、后入口，使用一伏一券的半圆券。另一种则为叠涩式的圭首门，用普通条砖自门的两侧相对挑出，而将各砖的前端，凿成圆角，如开封佑国寺铁塔的形状。所有第二层以上的门与佛龛，俱采用此种方式。

塔顶用反叠涩的六角顶：上施台座一层，颇矮。再次为砖砌的仰莲六瓣，中央置有六角形的覆钵，其上再施宝珠三枚，互相重叠，如葫芦形状（图版　）。依形制上的观点来说，此塔仰莲以上部分，显然与明嘉靖间重修的定县开元寺塔塔顶，属于同系统之内，足证此部在明、清二代中曾经修造，而绝非宋景祐间的原物了。

内部结构

此塔内部，仅第七层完全采用实心，其余各层皆在塔心的中央，辟有六角形内室一间。室的面积，第一层比较狭小，第二层略为增大，自此以上又逐层收小，至四、五、六层，皆比第一层窄狭。因此之故，各层内室的直径，除去二、三两层以外，均未超过各层塔身直径的三分之一。

内室的墙面上，亦嵌砌佛像砖（图版　），其式样大小，与塔外的完全一致。室之上部自第一层至第五层，施有叠涩式的砖数层，至中央留有六角形的缺口，与开封繁塔丝毫无异。其中第一层上部的缺口最小；据剥落处所示的砌砖方法，其最初数层，砖的长面均与塔身各面成九十度的角度；唯最上二层，仅仅与塔身中的某二面成为九十度（图版　），极似定县开元寺塔的方法。缺口之上，原来也许构有木造的楼板，但现在已空无所有，自下仰视，唯见叠涩峻层，圭门分错，构成一幅深邃而复杂的图画（图版　）。第六层内室的顶部，也用叠涩式的方法，上收成六角形的尖顶。

各层内室的南面，皆辟有门洞，但无装设门扉的痕迹。其功用除采取光线以外，自第三层以上，且为各层梯级上口绕进塔内的必由之道。又第二层至第六层门上所施的叠涩砖，俱分为内、外二段；其内侧者，恒较外侧者提高十厘米至四十余厘米不等（图版　）。

此塔梯级的配置，仅第一层设于西北、西南二面外壁之内；自第二层以上，则因外壁厚度业已减薄，不得不采取直上的方式。因此之故，所有踏步皆异常陡峻，不便攀登。梯级的上部亦全用叠涩砖砌成圭首形状，并随着梯级的坡度分段提高（图版　）。每段的长度大都在40厘米左右，最长者亦未超过70厘米。

式样的推论

宋代的佛塔除去墓塔以外，凡是规模较大的砖塔，大多数都采用八角形平面，为六角形和正方形二种者，则数量异常之少。就式样的演变来说，正方形塔当然是唐制的延续；八角形塔也见于唐天宝年间所建嵩山会善寺净藏禅师塔，不是突如其来的；唯有六角形一种，既未见于五代以前的遗物中，而金、元以后，除去浙江绍兴县明永乐年间因旧址重建的塔山应天塔以外，亦仅在规模较小的墓塔中，才能发现此种平面。在时间上它似乎如"昙花一现"，仅在北宋百余年间，发出过比较令人注目的光辉，便立刻萎谢下去。它的发生和没落，尚是一个未可解的谜。

　　现在我们已知北宋六角形砖塔中具有确实年代的，仅有三处：一为宋太宗太平兴国二年（公元977年）重建的开封繁塔，一为本文叙述的仁宗景祐三年（公元1036年）建造的延庆寺舍利塔，另一处则为哲宗绍圣二年（公元1095年）建造的山西汶水县寿宁寺塔。此外残败过甚的浙江天台国清寺塔与临海县千佛塔，虽然在形制上也略有类似宋代遗构的地方，但都无正确的建造年代记录可供参证。至于前三者中规模最大的，当然要推开封繁塔为首屈一指，可是此塔经明洪武年间一度拆除以后，现在仅下部三层才是原来旧物。而寿宁寺塔又规模过于狭小。因此之故，延庆寺舍利塔竟成为此类塔中的重要证物。

　　关于局部的手法，此塔第一层梯级的区布情形，和中央六角形的内室，都极似开封的繁塔，而时间上，也很有模仿该塔的可能。不过内室的采用，恐怕都是墨守北魏以来砖塔惯用的法则。塔的外部仅施叠涩式出檐，和其上反叠涩的砖层，使它的外观朴素而简洁，多少尚能保存唐塔的面影。同时可注意者，前述三塔与山东临清县千佛塔的外壁，在各屋檐下都不期而然地嵌砌佛像砖。而八角形塔中却只有开封佑国寺铁塔一处采用此方法。这也许不是一个偶然的现象，很值得令人吟味。

注释

　　[1] 乾隆《怀庆府志》卷五："延庆寺在济源县治北龙潭里。唐垂拱初建。明洪武间重修。寺西有龙潭，潭上有澄源阁、定庵、雪庵、四令公祠，即陈

尧叟兄弟读书处。"

[2] 乾隆《济源县志》卷十六·唐·裴休《书留延庆化成寺壁》："平生志在野云深，建立精蓝大用心。须还买园□圣地，只陌施树不收金。鸣钟自息三途苦，阁立常听万籁音。为报往来游玩者，园林常住莫相侵。"

[3] 顾燮光《河朔访古新录》卷十一·济源县："县西北五里延庆寺废寺……院中列幢五，居中者为晋天福八年符彦卿为男杨留《修石香台记》……东北者后周广顺二年多罗尼经幢，西北为后唐应顺元年正月僧行嵩等造佛顶尊胜陀罗尼经幢。"

[4] 宋·司马光《四令堂记》："……始秦国为济源令，县西龙潭有延庆佛舍，三子相与为学其中，既而相继登进士科，文忠康肃公仍居郡士之首，遂接踵为将相，始大其家，子孙蕃衍，多以才能致美官，棋布中外。……四世凡七人莅官于是，故济源之人被陈氏之政为多……虞部君尝行部过济源。游龙潭佛舍……乃构祠堂于佛舍之侧。"

[5]《重修龙潭禅院记》："……今有济源县西约三里许，有寺曰：龙潭寺，且龙潭寺乃玉林、丛林之一数也。……昔唐贤母陈氏教子之堂，寔尧叟学业之处，前有澄溪、沈水波滔涌沸，故名曰：龙潭。切见此寺，实汉、唐始建，宋、金重修，累劫兵燹，盖有年矣。有龙潭老人樊仲保等，因本院缺主持来请惠铎，因辞不获，自居以来……见殿宇而倒梁陷脊，廊房而瓦解檐飞……安得不重修，创立以复其旧乎。……于是谨发虔诚，敬持募缘，文疏躬诣十方信士，臣僚、将帅、官员、士庶、贤豪之家，或资金银、布钞于米麦，或施木植、砖瓦与灰石……将正殿、天王、东西等殿，左、右斋堂及前、后三门，不逾年而功成……大明正统十年岁次乙丑冬十二月十六日。"

[6] 正殿前《重修龙潭延庆寺记》："济西源俗云龙潭，稽诸禹贡并郦道元《水经》，实神禹道沈水东流为济之西源也。源上旧有延庆名刹，开山师灭会创自唐垂拱三年，于景祐二年复建一浮屠，高耸层云……历年久远，不□兴废，邑志载前僧慧可重修于正统十年（公元1445年），慧铎修于天顺四年（公

元1460年），慧斌再修于正德十五年（公元1520年），迄明崇祯十三年（公元1640年）庚辰后，兵火荒残。清、明改革，即□□樴大家，有家者，且难保其家，况兹延庆萧然一刹，孤峙源上者哉。故天王、伽蓝，焰烬盗没，仅存正中西佛殿……本寺领袖释教，厥明……不募众缘，当□葺地藏、天王殿六楹，伽蓝殿三楹，东、西方丈六楹，左、右禅房十楹，筑垣百堵，薙阶下芜草，砌月台崇洁……鸠工在顺治十六年（公元1659年）闰三月十二日。落成在康熙十七年（公元1678年）夏五月二十三日。……大清康熙十九年（公元1680年）岁次庚申正月十三日立。"

[7]《古今图书集成》职方典·怀庆府·杂录："十二年、十三年连大旱，人相食，覃、怀盗贼蜂起，河内令王汉讨平之。"

[8]见书楼前雍正元年（公元1723年）十月伽蓝宝殿并金装圣像信士题名。

[9]后院东配殿前《延庆寺重修碑》："……乾隆八年（公元1743年）创建关帝殿三楹，又修石桥及墙垣百余丈。乾隆三十一年（公元1766年）修中佛殿。三十二年修东殿。三十八年（公元1773年）修甘公祠大楼三间。三十九年修西殿。四十年修书房及厨房七间。四十二年（公元1777年）修天王殿三间。……乾隆四十九年（公元1784年）十一月初六日谷旦勒石。大清乾隆叁拾贰年（公元1767年）肆月拾陆日碑。"

[10]后院方亭西《重修延庆寺碑记》："邑西北五里许，有延庆寺，乃济水之西源，故又曰：龙潭。……历年久远，风雨飘摇，佛像尘封，墙垣颓坏。……寺主持慧安于己未中秋立愿重修，虔心募化，爰请信士，积累经年，仅将大佛殿修理，黝垩未施，囊空如洗，门牖未立，襄助无人。惜浩瀚工程未就，而慧安僧旋因之没矣。余今夏乃得暇，适慧安徒明忠偕董事贾炎等，奉薄禀八请盖印，诉欲再募以成始终之志。因念集金不易，落成仍恐无期，故捐己俸兴修。悉段生名凤苞者素监工程，且伊司空公曾为本寺复田，遂与之商，委以督办。于是鸠工庀材，坠者举，废者修。复见东南隅戏楼，每遇演剧时，人民杂沓，诚非

文运所宜，是以改建文昌阁，兴工于蒲月初旬，告竣于仲冬朔日。……嘉庆六年（公元1801年）岁次辛酉十一月吉日。"

又见西院嘉庆七年九月《重修大佛殿施材善人碑》。

［11］《重修龙潭延庆寺关帝殿记》："……乃左建浮屠，高插云霄。中有大雄佛殿，左、右翼长廊数十楹。东为关帝殿，旁起精舍。……僧明忠笃信人也，既重修大佛舍，又念关帝殿风雨摧残，神无以妥，募于众，为集腋成裘举。经始于嘉庆十三年（公元1808年）十月三日，阅七月告厥成功。"